数字革命之光：
高校思想政治理论课的创新实践

李靖 / 著

南京出版传媒集团
南京出版社

图书在版编目（CIP）数据

数字革命之光：高校思想政治理论课的创新实践 / 李靖著. -- 南京：南京出版社, 2024.6

ISBN 978-7-5533-4798-1

Ⅰ. ①数… Ⅱ. ①李… Ⅲ. ①高等学校—思想政治教育—教学研究—中国 Ⅳ. ①G641

中国国家版本馆CIP数据核字（2024）第095551号

书　　名 数字革命之光：高校思想政治理论课的创新实践
作　　者 李　靖
出版发行 南京出版传媒集团
南　京　出　版　社

社址：南京市太平门街53号　　邮编：210016
网址：http：//www.njcbs.cn　　电子信箱：njcbs1988@163.com
联系电话：025-83283893、83283864（营销）　025-83112257（编务）

出 版 人 项晓宁
出 品 人 卢海鸣
责任编辑 金　欣
装帧设计 沈加坤
责任印制 杨福彬

印　　刷 北京亚吉飞数码科技有限公司
开　　本 710毫米×1000毫米　1/16
印　　张 12.25
字　　数 194千字
版　　次 2025年1月第1版
印　　次 2025年1月第1次印刷
书　　号 ISBN 978-7-5533-4798-1
定　　价 60.00元

用微信或京东APP扫码购书

用淘宝APP扫码购书

前言

全面建设社会主义现代化国家，科技是关键，人才是基础，教育是根本。习近平总书记在党的二十大报告中对加快建设教育强国作出一系列重要部署，强调“推进教育数字化，建设全民终身学习的学习型社会、学习型大国。”教育数字化是教育教学活动与数字技术融合发展的产物，也是进一步推动教育改革发展的重要动力。习近平总书记强调，思想政治理论课要“以透彻的学理分析回应学生，以彻底的思想理论说服学生，用真理的强大力量引导学生。”思想政治理论课是落实立德树人根本任务的关键课程，这使得思想政治教育改革必须紧紧把握数字化发展的契机。

党的二十大报告指出，“问题是时代的声音，回答并指导解决问题是理论的根本任务。”深入研究数字化与思想政治理论课教学融合改革，发现大多数学生虽然对思想政治理论学习存有兴趣，但由于思想政治理论课教学活动在方法以及模式上的守旧，忽视了学生的学习兴趣取向和内容接受能力，使学生对思想政治理论课学习抱有消极态度，致使思想政治理论课教学效益偏低，加速思想政治理论课教师职业倦怠。究其原因，主要是思想政治理论课数字化转型研究起步较晚、针对思想政治理论课教学改革切入点少等，导致现有相关研究成果数量相对较少、实践转化程度相对较低。为解决以上问题，作者在参阅大量相关著作文献的基础上，精心撰写了《数字革命之光：高校思想政治理论课的创新实践》一书。

本书从思想政治理论课教育全过程入手，提出数字化赋能思想政治理论课教学改革的实践路径，并对已施行的数字化思想政治理论课部分实例进行鉴析。本书共有六章，各章节内容如下：

引言部分作为全书开篇，主要分析了数字化革命及其全球影响、数字化对教育领域的启示。

第一章探讨了数字化革命与高校思想政治理论课数字化转型，包括教育信息化的发展历程、高校思想政治理论课教学的现状与挑战、数字化革命与高校思想政治理论课的新要求、数字化革命与高校思想政治理论课的结合点。

第二章研究了数字化技术在高校思想政治理论课教学中的应用，如数字化技术与理论、网络教学平台的建设与应用、多媒体教学资源的开发与利用、互动教学工具的应用与实践。

第三章针对数字化革命与高校思想政治理论课教学模式创新展开探索，涉及线上线下混合教学模式的探索与实践、基于数据驱动教学模式探索与实践、基于项目的学习（PBL）在思想政治理论课教学中的应用，翻转课堂在高校思想政治理论课教学中的应用。

第四章数字化革命与高校思想政治理论课实践教学基于高校思想政治理论课实践教学的现状，探讨了数字化时代高校思想政治理论课实践教学中面临的挑战，并论述了数字化实践教学的挑战与解决方案。

第五章分析了高校思想政治理论课教师数字化教学能力的提升，包括高校思想政治理论课教师的数字化教学能力现状分析、高校思想政治理论课教师数字化素养提升、高校思想政治理论课教师数字化教学能力评价体系的建立。

第六章为本书的最后一章，对数字化与高校思想政治理论课融合的未来进行了展望，内容包括新技术在高校思想政治理论课教学中的应用前景、数字化时代高校思想政治理论课的新挑战与对策、构建数字化时代高校思想政治理论课的新生态。

在撰写过程中，作者注重理论联系实际，并结合当代高校加强和改进大学生思想政治理论课的现实开展问题研究。同时，在撰写中作者也引用、借鉴了一些学者的思想观点，在这里对这些学者表示衷心的谢意。由于我国高校思想政治教育的需求和实际状况在不断改变，加上本人学术水平和精力有限，书中难免存在疏漏之处，敬请广大读者批评与指正。

作者

2024年1月

目录

引 言

数字化在现代社会中的重要作用已经深入人心。它不仅改变了人们的生活和工作方式，还对社会的进步产生了深远的影响。以下几个方面充分展示了数字化的重要意义。数字化极大地提升了人们的数据分析和解决问题的能力。在过去的几十年里，科学技术的快速发展使得人们能够更快地理解和运用大量数据。借助先进的数据分析工具，可以获得更准确、更可靠的结论，为决策提供了有力的支持。在众多领域，如医疗、金融、教育等，数字化技术的应用已经取得了显著的成果，极大地改善了人们的生活质量。数字化丰富了信息传播的方式，使之更加便捷高效。因特网的诞生是一个里程碑式的事件，它将海量的信息，尤其是数字化的信息，在极短的时间内，大范围地传播给了全球各地的人群。这种前所未有的信息传播速度和广度，为人类知识的积累和创新提供了广阔的平台。社交媒体、自媒体等新兴传播方式的兴起，也让个体有了更多的机会参与信息传播的过程，从而进一步推动了社会的进步。数字化极大地提高了数据存储和处理的能力。计算机技术的发展使得大量信息可以便捷地存储在一台计算机或宽带网络中。随着云计算技术的出现，可以在更小的空间内解决复杂的任务，使信息获取变得更加简单快捷。大数据、人工智能等技术的应用，更是让人们能够从海量数据中挖掘出有价值的信息，为各类问题的解决提供了强大的支持。数字化对社会发展具有重要意义。它不仅有助于更好地分析问题，还可以加快信息的传播和存储，从而促进社会的运作和发展。面对未来，应当继续推动数字化技术的发展，让更多人受益于数字化带来的便利，共同迈向一个更加美好的数字时代。在政府、企业和个人层面，都需要积极应对数字化带来的挑战和机遇，携手共进，为社会的繁荣作出贡献。

第一节　时代的变革：数字化革命及其全球影响

数字化就是将任何连续变化的信息，如图画的线条或声音信号转化为一串分离的单元。它的优势在于，可以以更简明的方式传递和表达大量的数据。加之现代计算机技术的发展能够很快地将信息数字化，使得它更加易用和实用。在当前的信息化社会中，更加关注信息的数字化。

一、数字化革命

当今时代，随着电子网络的普及应用，大数据、超级计算、AI等数字科技的蓬勃发展，人们对数字产品的广泛应用和依赖，标志着人类社会已经步入数字化新时代。数字化时代这一概念是美国麻省理工学院的教授尼葛洛庞帝在《数字化生存》一书中首次提出的①，也被称为后信息时代。近些年来，全球数字经济蓬勃发展，各国之间纷纷加强经济、政治间的密切交流与协同合作，应对数字机遇和挑战。②

20世纪80年代开始我们国家先后开始了以PC普及与应用为特征的信息化阶段（信息化1.0），然后在20世纪90年代中期，又开启了以互联网大规模

---

①［美］尼葛洛庞帝.数字化生存[M].胡泳，范海燕译.海口：海南出版社，1997.

② 颜欢，马菲，于洋，白紫微.抓住数字机遇共谋合作发展[N].人民日报，2022-04-30（003）.

商用为代表的网络化时代（信息化2.0），当前正进入以云计算、大数据、人工智能、物联网和区块链等新一代信息技术的推动下的数智化阶段。[①]2015年9月5日，国务院正式发布《促进大数据发展行动纲要》，从国家层面正式将大数据的发展和应用作为我国未来信息化发展的核心。[②]在数字技术、泛在网络、大数据、人工智能（AI）等新兴技术蓬勃发展的背景下，这些新兴技术正与传统行业产生着深度的融合，致使人类的认知能力、思考能力、行动能力得到了飞速发展。智能化的新兴数字技术正在催生新一轮的工业革命，众多行业和数智化的新兴行业相互融合成为当下时代的最典型特征。[③]数智，即数字化+智能化，主要指数字技术、网络技术、云服务等新兴技术与人工智能技术的融合发展，并在经济领域形成一种新的经济概念——数智经济，在制造业领域产生了智能制造概念。鉴于此，下面将以数字技术、泛在网络、大数据、云服务、人工智能（AI）等新兴技术与各行业.相互融合发展为代表的信息化、数字化、智能化阶段命名为“数智时代”。[④]

数智时代的核心内涵主要包括4个方面：

（1）数字化。从模拟世界到二进制数字的惊鸿一跃奠定了数智时代基础，二进制数字编码不仅使实体世界的数据信息的采集、存储、处理、传输变得亘古未有的高效，而且数字化使得数据信息和实物分离，可以独立于空间、时间而单独存在，不再是实体的附属物，从而增加了数据信息的能力，扩大了数据信息的应用范围。

（2）万物互联（IoE）。它在人与人、物与物、人与物之间通过数字化后的数据信息建立了无处不在的、无时不在的网络连接，使数据信息得到广泛实时的共享，互联是数据的互联，数据是互联的数据，世间万物不再是信息孤岛，扩大了数字世界的疆域，延长了数字世界的纵深。

（3）智能化。通过数字化的信息数据、万物互联的泛在网络、经验算法

---

① 梅宏.数据治理之论[M]北京：中国人民大学出版社，2020

② 梅宏.数据治理之论[M].北京：中国人民大学出版社，2020.

③ 郑思思，陈卫东等数智融合数据驱动下教与学的演进与未来趋向——兼论图形化数据赋能教育的新形态[J].远程教育杂志，2020，38（04）：27.

④ 舒洁，数智时代企业档案人才培养模式的思考[D].湖北大学，2021.

等共同作用下，对事物进行赋能，增加自动处理、逻辑运算、自动调度等类人类智慧的功能。

（4）融合。数智时代下，数字世界和实体世界，现实世界中不同的行业、不同的专业、不同的技术及不同的分工，利用万物互联的泛在网络，通过数字化的数据信息和智能化的技术手段，不断进行融合，从而数智融合不断推动产业和商业模式的创新和发展。

二、数字化革命的全球影响

随着科技的飞速发展，数字化革命已经深刻地改变了人们的生活方式，对全球经济、社会和环境产生了深远的影响。

（一）全球经济影响

数字化革命的浪潮席卷全球，正推动着传统产业进行深刻的转型升级。在这个过程中，一系列新兴产业如互联网、人工智能、大数据等纷纷涌现，为全球经济复苏注入了强大的动力。

1.产业结构调整

互联网的普及和发展，使得信息传播更加迅速和便捷，不仅改变了人们的生活方式，也为企业提供了全新的营销渠道和商业模式。互联网产业的发展带动了电子商务、在线教育、网络娱乐等多个领域的繁荣，为经济增长注入了新活力。

人工智能的崛起也为产业升级带来了新的机遇。通过大数据、云计算、物联网等技术手段，人工智能为企业提供了更加智能化的生产和管理方式，提高了生产效率。同时，人工智能在医疗、金融、交通等领域发挥着越来越重要的作用，为人们的生活带来更多便利。

大数据时代，海量数据为企业和政府提供了更加精准的决策依据。通过对数据的挖掘和分析，企业可以更好地了解市场需求，制定有针对性的战略。而政府则可以根据大数据分析，优化资源配置，提高公共服务水平。大数据产业的发展，无疑为经济增长增添了新的引擎。数字化革命还催生了许多新兴产业，如共享经济、新能源、生物科技等。这些产业不仅为全球经济复苏提供了新的增长点，还创造了大量就业岗位，助力实现可持续发展。

数字化革命推动了传统产业的转型升级，新兴产业不断涌现。在这个变革的时代，应抓住机遇，发挥我国的优势，加快数字化发展，为实现高质量发展奠定坚实基础。只有这样，才能在激烈的国际竞争中立于不败之地，共同创造美好的未来。

2.贸易模式变革

随着互联网技术的飞速发展，电子商务作为一种新兴的商业模式，在全球范围内逐渐崛起。它突破了地域和时间的限制，使得全球贸易变得更加便捷、低成本，为发展中国家提供了更多的发展机遇。尤其是在跨境电子商务领域，各国之间的贸易往来日益频繁，不仅促进了国际贸易的增长，还为全球经济一体化注入了新的活力。

电子商务的兴起为发展中国家创造了新的发展空间。在过去，发展中国家受限于基础设施、物流、资金等条件，很难与发达国家展开公平竞争。而电子商务的诞生，降低了进入门槛，使得发展中国家能够充分利用其资源优势，参与全球市场竞争。此外，电子商务还能够帮助发展中国家提高产业升级，实现经济结构的优化调整，从而提高国家整体竞争力。

跨境电子商务推动了国际贸易的增长。随着互联网的普及，越来越多的消费者开始青睐于购买国际商品。跨境电子商务平台为消费者提供了丰富的商品选择，满足了多样化、个性化的消费需求。同时，通过降低贸易壁垒、简化通关手续等措施，跨境电子商务大大提高了国际贸易的效率，使得各国之间的商品和服务流通更加顺畅。

电子商务在为全球贸易带来机遇的同时，也面临着诸多挑战。如何确保电子商务的可持续发展，保护消费者权益，防范网络犯罪等问题，成为各国政府和企业关注的焦点。此外，跨境电子商务还涉及税收、知识产权、数据安全等多个方面的政策协调，需要各国共同努力，寻求共识，以促进全球贸易的健康发展。

电子商务的兴起为全球贸易带来了前所未有的机遇，推动了国际贸易的增长。发展中国家应抓住这一历史性的机遇，积极参与全球市场竞争，不断提高自身竞争力。同时，各国政府和企业还需共同努力，克服电子商务发展中的挑战，共同推动全球贸易繁荣。

3.金融领域创新

金融科技（FinTech）的崛起带来了金融服务领域的革命性变化，使得金融服务更加普及、高效，为中小企业和低收入群体提供了便捷的金融服务。在金融科技的影响下，金融行业正逐步摆脱传统模式的束缚，以创新、智能和便捷为核心，为广大用户提供更加优质的金融服务。

金融科技的发展推动了金融服务的普及。通过互联网、移动通信等技术，金融服务得以跨越地域和时间的限制，为广大用户提供方便快捷的金融服务。特别是对于中小企业和低收入群体，金融科技降低了金融服务的门槛，使他们能够更容易地获得贷款、支付、投资等金融服务，从而更好地支持他们的业务发展和生活需求。

金融科技提升了金融服务的效率。借助大数据、人工智能等技术，金融机构能够快速地获取和分析客户信息，实现精准营销和风险控制。这不仅提高了金融机构的服务质量，还降低了运营成本，使得金融机构更有动力为中小企业和低收入群体提供高效、个性化的金融服务。

金融科技丰富了金融产品和服务类型。在金融科技的支持下，金融机构可以推出更多种类、更具创新性的金融产品，满足不同用户群体的需求。例如，互联网金融、区块链技术等新兴领域为投资者提供了更多元化的投资选择，同时也为中小企业融资提供了新的渠道。

金融科技在为金融服务带来诸多优势的同时，也带来了一定的挑战。如信息安全、金融欺诈、非法集资等问题日益凸显，对金融监管提出了更高的要求。因此，在发展金融科技的过程中，我国政府和金融机构应加强监管，确保金融科技健康、有序地发展，让更多人享受到金融科技带来的便捷金融服务。

金融科技崛起使得金融服务更加普惠、高效，为中小企业和低收入群体提供了便捷的金融服务。在未来的发展中，金融科技将继续推动金融行业的创新与变革，为广大用户提供更加优质的金融服务，助力经济社会发展。

（二）全球社会影响

数字化对社会的影响无处不在。从人们的日常生活到全球的经济体系，从教育到医疗，无一不受到数字化浪潮的冲击和重塑。

1.教育变革

随着科技的飞速发展，我国的教育领域正在经历一场深刻的变革。在线教育、远程教育等数字化教育方式的兴起，为全球范围内的教育资源优化配置提供了可能，也为提高教育质量开辟了新的途径。

在线教育以其独特的优势，为广大学习者提供了丰富多样的学习资源。无论是在课堂上还是课堂外，学习者都可以通过网络平台，便捷地获取来自世界各地的优秀教育资源。这不仅有助于打破地域和时间的限制，让学习变得更加灵活便捷，还能让我国的学生接触到全球最先进的教育理念和教学方法，从而提升自身的学习效果。

远程教育作为一种新兴的教育形式，也日益受到关注。远程教育通过网络技术，将教育者和学习者紧密联系在一起，使得身处不同地区的人们都能享受到高质量的教育。尤其对于边远地区的学生来说，远程教育为他们提供了一个开拓视野、提升自我的机会，从而缩小了城乡教育差距。

数字化教育方式还能提高教育质量。在在线教育和远程教育的环境下，教育者可以充分利用先进的技术手段，对教学过程进行精细化管理，实时了解学生的学习状况。这有助于教育者针对学生的个性化需求进行因材施教，提升教学效果。同时，数字化教育还可以实现教学资源的共享，让优质教育资源惠及更多学生，提高整体教育水平。

也要看到，数字化教育在带来诸多优势的同时，也存在一定的挑战。如何确保在线教育和远程教育的质量，如何保护学生和家长的隐私，以及如何弥补数字化教育中人际互动的不足等问题，都需要进一步研究和探讨。

数字化教育方式为我国教育领域带来了前所未有的机遇，我们有理由相信，在全社会共同努力下，我国的教育事业必将迎来一个新的辉煌。在线教育、远程教育等数字化教育方式将不断优化全球教育资源配置，提高教育质量，助力我国培养更多优秀人才，为中华民族的伟大复兴贡献力量。

2.医疗健康提升

随着科技的飞速发展，数字化医疗技术逐渐成为医疗领域的一大变革力量。远程诊断、智能医疗等数字化技术的应用，不仅提高了医疗服务的效率，降低了医疗成本，还让全球患者得以享受到更高质量、更便捷的医疗服务。

远程诊断技术使患者不再受地域限制，能够在家接受医生的诊断和治疗。通过网络平台，医生可以迅速获取患者的病历、检查结果等信息，为患者提供准确、及时的诊断。这种模式减少了患者往返医院的时间和费用，提高了就诊效率。同时，远程诊断还可以实现医疗资源的优化配置，缓解一线城市和医院的接诊压力，使医疗资源更加公平地分配到全国各地。

智能医疗技术的应用为医疗服务带来更多创新。人工智能助手可以协助医生处理大量医疗数据，提高诊断的准确性。此外，智能医疗设备可以实时监测患者的生理指标，为医生提供病情动态，以便及时调整治疗方案。这些技术的运用使得医疗服务更加个性化、精准化，提高了治疗效果。

数字化医疗技术还有助于降低医疗成本。通过信息化管理，医疗机构可以更好地控制药品和器械的采购、使用和流通环节，减少浪费。同时，数字化医疗平台可以实现医疗数据的共享，减少重复检查和诊断，降低患者的负担。

在我国，政府高度重视数字化医疗的发展，积极推动医疗信息化、智能化建设。通过政策扶持、资金投入等措施，加快数字化医疗技术的推广和应用。在全球范围内，各国也在积极探索数字化医疗的发展路径，以提高医疗服务质量和可及性。

数字化医疗技术的应用为全球患者带来了实实在在的利益。在未来的发展中，应继续加大对数字化医疗技术的研发和应用力度，为更多人提供高效、便捷、优质的医疗服务。同时，也要关注数字化医疗技术在推广过程中可能带来的安全隐患和隐私问题，制定相应的规定和措施，确保患者的信息安全和权益。

3.社会保障提升

数字化技术在社会保障领域的应用日益广泛，对于提升社会保障水平、降低欺诈现象发挥着重要作用。社会保障是国家和政府对民众基本生活权益的重要保障，涉及社会福利发放、身份认证等多个方面。通过引入数字化技术，可以有效提高社会保障的运行效率和准确性，确保社会保障政策的落地生根。

在社会福利发放方面，数字化技术的应用可以实现精确化管理。过去，由于信息不对称和数据不完善，社会福利发放过程中容易出现错发、漏发等问题。而现在，通过构建统一的信息平台，将各类社会保障数据进行整合，可以确保福利政策精准落实到位，让真正有需要的人群得到帮助。此外，数字化技术还可以实现自动化审批和结算，缩短办理周期，提高发放效率。

在身份认证方面，数字化技术为社会保障提供了更加安全、便捷的认证方式。传统的身份认证方式容易受到伪造、盗用等问题的困扰，而数字化技术可以运用生物识别、大数据分析等技术手段，实现实时、精准的身份验证。这不仅可以降低欺诈现象，还可以保障社会保障系统的安全稳定运行。

数字化技术在社会保障领域的应用还可以进一步拓展。例如，通过搭建智能化监测系统，可以实时掌握社会保障资金的使用情况，加强对资金流向的监管，防止违规操作和滥用现象。同时，还可以运用数据分析预测社会保障需求，为政策制定提供科学依据，实现社会保障制度的优化调整。

数字化技术在社会保障领域的应用对于提高社会保障水平、减少欺诈现象具有重要意义。我国应加大数字化技术在社会保障领域的投入和应用，推动社会保障事业的高质量发展，为全体人民提供更加完善、公平、可持续的社会保障。

（三）全球环境影响

数字化技术在能源领域的应用，如智能电网、储能等，对于实现能源的高效利用和降低碳排放具有重要作用。在当前全球能源转型和应对气候变化的背景下，数字化技术在能源领域的应用日益受到关注。

1.能源结构优化

以下将从几个方面对数字化技术在能源领域的应用进行详细阐述。

（1）智能电网的发展

智能电网是利用现代信息技术、通信技术等手段，对传统电网进行升级改造，以提高电网的安全性、可靠性和经济性。智能电网具有更强的故障检测和自我恢复能力，可以实现电力系统的实时监测和优化调度。通过智能电网，可以降低能源损耗，提高能源利用率，为可再生能源的接入和消纳提供有力支持。此外，智能电网还有助于实现电力市场的公平、透明，促进清洁能源的发展。

（2）储能技术的创新

储能技术是将能量转化为其他形式存储起来，以便在需要时再将其转化为可使用的能量。随着可再生能源的发展，储能技术在能源领域的重要性日益凸显。常见的储能技术包括电池储能、压缩空气储能、超导储能等。储能技术的应用可以提高能源系统的运行灵活性，促进新能源的高效利用。此外，储能技术还可以辅助电网调峰，平衡电力供需，为电力系统的稳定运行提供保障。

（3）数字化技术在能源消费端的应用

在能源消费端，数字化技术可以帮助用户实现能源的高效使用和管理。例如，通过智能家居、楼宇自动化等技术，可以实现室内环境的舒适性和节能目标。此外，能源管理系统还可以为企业和个人提供实时的能源消耗数据，以便进行能源消费分析和优化。这些技术的应用有助于提高能源利用效率，降低能源成本，为碳减排作出贡献。

（4）政策支持和市场推动

在我国，政府高度重视数字化技术在能源领域的应用。相关政策文件明确提出，要加快能源科技创新，推动能源产业转型升级。同时，市场竞争也推动着能源企业加大数字化技术的研发和应用。许多企业开始投资研发智能电网、储能等新技术，以提高自身的竞争力。在市场和政策的共同推动下，数字化技术在能源领域的应用前景广阔。

总之，数字化技术在能源领域的应用对于实现能源高效利用和降低碳排放具有重要意义。在应对气候变化和推动能源转型的过程中，应充分发挥数字化技术的优势，推动智能电网、储能等技术的发展和应用，为构建清洁、低碳、高效的能源体系助力。

2.资源配置优化

数字化技术在现代社会中发挥着越来越重要的作用，它不仅为全球资源配置带来了新的可能性，还极大地提高了资源利用效率，减少了浪费。在当前全球经济一体化的大背景下，数字化技术的应用使得各国之间的资源配置更加合理，进而促进了全球经济的发展。

数字化技术通过互联网、大数据、人工智能等手段，使得信息传播更加迅速和准确。这样一来，企业可以更好地了解全球市场的需求，及时调整生产和投资策略，从而实现资源的高效配置。这种高效配置不仅提高了企业的竞争力，还有助于缓解资源短缺问题，降低生产成本，提高生产效益。

数字化技术推动了全球产业链的深度融合。在这个过程中，各国可以根据自身的优势，在全球范围内进行产业分工与合作，进一步优化资源配置。例如，一些发展中国家可以专注于劳动密集型产业，而发达国家则可以发展高科技产业，实现优势互补，共同推动全球经济的发展。

数字化技术还促进了绿色经济的发展。通过大数据、物联网等技术的应用，企业可以实现生产过程的智能化、绿色化，降低能源消耗和环境污染。这有助于实现可持续发展，提高资源利用效率，减少浪费。

数字化技术在全球资源配置中也可能带来一些挑战。例如，数字鸿沟问题仍然突出，发展中国家在数字化技术应用方面相对滞后，这可能导致资源配置的不平等。此外，数字化技术的发展也可能加剧劳动力市场的分化，对传统产业带来冲击。

为了应对这些挑战，各国政府和企业应加强合作，推动数字化技术的普及和应用。通过提高全球数字化水平，可以进一步优化资源配置，实现全球经济的可持续发展。同时，政策制定者还应关注数字化技术带来的社会问题，积极采取措施，减轻其对劳动力市场、产业结构等方面的影响，确保全球资源配置的公平与效率。

数字化技术使全球资源配置更加合理，提高资源利用效率，减少浪费。在今后的发展中，应充分利用数字化技术的优势，推动全球资源配置的优化，实现共同发展。同时，关注数字化技术带来的挑战，加强国际合作，共同应对，以实现全球经济的可持续繁荣。

3.环境保护

随着科技的飞速发展，大数据、人工智能等技术在环境监测、污染治理等方面的应用日益广泛，为改善全球环境质量提供了有力支持。这些先进技术在环境保护领域的应用具有显著的优势，不仅能够提高环境治理的效率，降低监测成本，还能为政策制定者提供更为精准的科学依据，助力全球环境治理事业的发展。

大数据技术在环境监测方面的应用具有重要意义。通过大数据技术，可以实时收集和分析各种环境数据，如空气质量、水质、土壤污染等，从而更准确地了解环境状况。此外，大数据技术还可以实现各类环境数据的融合与挖掘，为环境治理提供有力的数据支撑。例如，通过分析历史数据，科学家可以更好地预测未来环境变化趋势，从而有针对性地制定环境保护策略。

人工智能技术在污染治理方面具有显著优势。通过对海量数据的深度学习和智能分析，人工智能技术可以自动识别环境污染源，并为污染治理提供最优解决方案。例如，在雾霾治理方面，人工智能可以通过分析气象数据、污染物排放数据等，为政府部门提供有针对性的减排措施。此外，人工智能还可以在环保设备的设计、运行和维护过程中发挥重要作用，提高环保设备的智能化水平和运行效率。大数据和人工智能技术还可以为环境政策制定提供科学依据。通过对全球环境数据的整合与分析，政策制定者可以更加准确地了解各国环境质量状况，从而制定出更具针对性和实效性的环保政策。同时，这些技术还可以评估环保政策的实施效果，为政策调整提供依据。

大数据、人工智能等技术在环境监测、污染治理等方面的应用，为全球环境质量改善提供了有力支持。我国应积极推广这些先进技术在环保领域的应用，加大科技创新力度，为构建美丽中国、促进全球环境保护事业的发展贡献力量。同时，各国政府也应高度重视科技创新在环保领域的关键作用，加强国际合作，共同应对环境污染和气候变化等全球性挑战。

第二节　教育的新纪元：数字化对教育领域的启示

随着科技的飞速发展，数字化已经深入到生活的方方面面，教育领域也不例外。数字化对教育领域的影响是深远的，它不仅改变了教学方式，还提高了教育效率，为实现教育公平提供了可能性。

数字化教育使得学习更加便捷。传统的教育方式往往受限于时间和空间，而数字化教育则打破了这一限制。学生可以在任何时间、任何地点进行学习，这大大提高了学习的灵活性和便捷性。

数字化教育有助于提高教育质量。数字化教育通过利用大数据、人工智能等技术，可以对学生进行个性化教学，根据学生的特点和需求，提供更加精准的教学服务。这不仅可以提高学生的学习效果，还有助于培养学生的创新能力和综合素质。

数字化教育还有助于实现教育公平。在一些地区，由于师资力量有限，学生难以获得优质的教育资源。而数字化教育则可以通过网络将优质的教育资源传递给更多的学生，使得更多人能够享受到高质量的教育。

数字化教育也面临着一些挑战。如数据安全和隐私保护问题、数字化鸿沟问题等。因此，在推进数字化教育的过程中，需要注意这些问题，并采取有效的措施来解决它们。

总之，数字化对教育领域的启示是深远的。应该充分利用数字化技术的优势，推动教育领域的变革和发展，为学生提供更加优质、便捷的教育服务。同时，也需要关注数字化教育带来的挑战，并采取有效的措施来应对这些挑战，确保数字化教育的健康发展。

数字化对教育产生了深远的影响，以下从教学内容和方式、教师角色、学生主体地位、教育资源普及和共享以及推动教育改革和创新五个方面进行详细论述。

一、教学内容和方式的变革

数字化教育带来了教学内容和方式的全面优化。现代信息技术的引入，特别是计算机和网络的应用，为教育教学带来了革命性的变化。

现代信息技术提供了全新的阅读方式，使阅读变得更加有趣和高效。电子多媒体读物使阅读与感受、体验结合在一起，从而大大提高了阅读的趣味性。这种阅读方式不仅可以提供丰富的视觉体验，还可以通过音频、视频、动画等形式，将阅读内容更加生动、形象地呈现给读者，从而加深对阅读内容的理解和记忆。

计算机及网络的联想功能、非线性的组织和管理信息，为高效的检索式阅读方式提供了条件。通过计算机和网络，可以方便地搜索和查找所需的信息，从而更好地满足了人们的个性化学习需求。

数字化教育也促进了教学方式和学习方式的更新。传统的教材、教参、黑板、粉笔等载体和手段可以被计算机及网络所提供的集成化的教学环境所取代。例如，多媒体学习系统、资料库、演示环境、辅助学习工具、师生交互环境等，都为现代化的教育教学提供了更加丰富、灵活、高效的教学方式和手段。

在信息化时代，教育教学不再受制于时间和空间的限制，也不再局限于传统的教材和教学方法。借助于网络和多媒体技术，可以实现远程教育、在线课程、虚拟实验室等多样化的教育形式，为学生提供更加丰富、灵活的学习体验。同时，大数据分析、人工智能等新技术的应用，也为教育教学提供了更加科学、精准的决策支持，使得教育更加个性化、高效。

二、教师角色的转变

在传统的教育模式中，教师通常是知识的传授者，其主要责任是为学生传递知识，而学生则处于被动接受知识的位置。然而，在数字化教育中，这种角色分工已经不再适应新时代的需求。

在数字化教育中，教师不再仅仅是知识的传授者，而是成为学生学习的引导者和辅助者。他们可以利用多媒体充分表达教学意图，帮助学生更好地理解和掌握知识。学生可以通过下载学习软件、网上查询资料，通过电子邮件或短信、微信、QQ等途径与教师、同学交互联系等方式来完成学业。这种教育模式更加注重学生的主动性和创造性，培养他们的自主学习和协作学习能力。

在这种模式下，教师的角色变得更加重要。他们需要具备更高的专业素养和教育能力，能够灵活运用信息技术和多媒体资源，引导学生主动参与学习过程，帮助他们解决学习中遇到的问题。同时，教师还需要具备与学生进行交流和沟通的能力，了解学生的需求和特点，为他们提供个性化的教学指导和支持。

数字化教育对教师提出了更高的要求，但同时也为他们提供了更好的教学环境和更多的教育资源。通过信息技术的应用，教师可以更好地激发学生的主动性和创造性，培养他们的自主学习和协作学习能力。这种教育模式不仅可以提高学生的学习效果，还可以促进他们的全面发展，培养适应未来社会需求的人才。

需要注意的是，数字化教育并不是要完全取代传统的教学模式，而是为其注入新的元素和活力。应该在传统模式的基础上，充分应用现代信息技术和多媒体资源，探索新的教育模式和方法，以更好地满足新时代的需求。

三、学生主体地位的强化

数字化教育强化了学生的主体地位。学生可以借助信息技术平台和数字化学习资源进行自主学习和个性化学习。同时，数字化教育也促进了学生之间的交流和协作，有利于培养学生的团队合作和沟通能力。这种个性化学习和自主学习能力是未来社会所需人才的重要素质之一。

四、教育资源的普及和共享

数字化教育有利于教育资源的普及和共享。数字化教育资源可以通过网络广泛传播，使得更多的人能够获取优质的教育资源。这不仅有助于缩小城乡和不同地区之间的教育差距，还有助于提高教育的公平性和普及程度。同时，网络教育资源的共享也有利于推动教育教学改革和创新，提高教育质量和效率。

五、推动教育改革和创新

数字化教育是推动教育改革和创新的重要动力。数字化教育的普及和发展，使得传统的教学模式和教育体制逐渐向现代化和多元化转变。这为教育者提供了更多的教学方法和手段，同时也带来了新的教育理念和教育模式。这些变化有利于提高教育的质量和效率，推动教育的创新和发展。同时，数字化教育也加速了教育信息化的进程，推动了教育现代化的发展。

为了应对数字化教育带来的挑战，可以采取以下措施。

加强数据安全和隐私保护。在数字化教育过程中，需要采取有效的技术手段和管理措施，确保学生和教师的个人信息不被泄露或滥用。同时，也需要加强数据的安全保护，防止数据被非法获取或篡改。

缩小数字化鸿沟。数字化教育需要一定的设备和网络支持，因此，需要采取措施缩小数字化鸿沟，确保所有学生都能够享受到数字化教育带来的便利。例如，学校可以提供计算机和网络设备，或者为家庭困难的学生提供相应的支持。

提高教师数字化教育能力。教师是数字化教育的重要推动者，因此，需要采取措施提高教师的数字化教育能力。例如，开展数字化教育培训、提供数字化教育资源等，帮助教师更好地适应数字化教育的发展。

推进数字化教育创新。数字化教育是一个不断创新的过程，需要鼓励和支持教育机构、企业等各方力量开展数字化教育创新，探索更加高效、便捷、个性化的教育方式。例如，利用人工智能技术为学生提供智能辅导、利用虚拟现实技术为学生提供沉浸式学习体验等。

除了上述措施，还可以从以下方面进一步推进数字化教育的发展。

加强国际合作。数字化教育是一个全球性的议题，各国在数字化教育的发展过程中都有自己的经验和优势。因此，可以加强国际合作，分享和借鉴彼此的经验和资源，共同推进数字化教育的发展。例如，可以开展跨国数字化教育项目、参加国际数字化教育会议和展览等。

建立数字化教育标准。为了规范和引导数字化教育的发展，需要建立数字化教育的标准和规范。这些标准可以包括数据安全标准、教学质量标准、评估标准等，为数字化教育的发展提供指导和保障。

发挥非政府组织的作用。在数字化教育的发展过程中，非政府组织可以发挥重要的作用。例如，一些非政府组织可以开展数字化教育普及活动，提高公众对数字化教育的认识和参与度；一些非政府组织可以提供数字化教育资源和服务，帮助更多人获得优质的教育资源。

培养创新型人才。数字化教育的发展需要大量的人才支持，因此，需要注重培养创新型人才。例如，可以加强数字化教育的学科建设和专业设置，为数字化教育提供更加专业的人才支持；可以鼓励和支持学生参与数字化教育创新项目，培养他们的创新能力和实践能力。

总之，数字化对教育领域的启示是深远的，需要采取多种措施推进数字化教育的发展。通过加强数据安全和隐私保护、缩小数字化鸿沟、提高教师数字化教育能力、推进数字化教育创新、加强国际合作、建立数字化教育标准、发挥非政府组织的作用以及培养创新型人才等措施，可以更好地应对数字化教育带来的挑战，为学生提供更加优质、便捷的教育服务。

第一章　数字化革命与高校思想政治理论课数字化转型

现代教育技术在教学中的应用，尤其是计算机、网络、广播电视等各种硬件设备及软件工具与科学方法的结合，使得信息的获取、加工、存储、传输和使用更加便捷和高效。目前，现代教育及教育信息化正在不断发展和完善，为我们的教育事业带来更多的活力和可能性。数字化时代的到来，对高校思想政治理论课教学带来很大的影响。本章主要研究数字化革命与高校思想政治理论课数字化转型的相关内容，为下文的展开做好铺垫。

第一节　教育信息化的发展历程

随着科技的不断发展，教育信息化已经成为了一个不可逆转的趋势。教育信息化不仅可以提高教育效率，还可以提高教育质量和学生的综合素质。

一、教育信息化的概念

教育信息化有两层含义。一是把提高信息素养纳入教育目标，培养适应信息社会的人才；二是把信息技术手段有效应用于教学管理与科研，注重教育信息资源的开发和利用。教育信息化的核心内容是教学信息化。教学是教育领域的中心工作，教学信息化就是要使教学手段科技化、教育传播信息化、教学方式现代化。

为了更深入地理解教育信息化的概念，下面进一步分析教育信息化概念提出的背景以及其发展历程。

（1）教育信息化概念提出的背景。随着科技的飞速发展，信息化已经成为现代社会发展的重要趋势。在这一背景下，教育信息化也应运而生，成为教育领域的重要发展方向。教育信息化概念的提出，既是对传统教育模式的挑战，也是对教育现代化的追求。

教育信息化概念的提出是信息技术快速发展的必然结果。随着信息技术的不断发展，计算机、互联网、大数据等技术的应用越来越广泛，对人们的生活和工作产生了深远的影响。教育领域作为社会发展的重要组成部分，也需要紧跟时代步伐，利用信息技术提升教育质量和效率。因此，教育信息化概念的提出，是信息技术在教育领域应用的必然趋势。

教育信息化概念的提出是对传统教育模式的挑战。传统的教育模式以教师为中心，以讲授为主要方式，学生的主体性和自主性难以得到充分发挥。而教育信息化强调以学生为中心，利用信息技术为学生提供多样化的学习方式，促进学生的自主学习和协作学习。这种新的教育模式能够更好地满足学生的个性化需求，提升学生的学习兴趣和积极性。

教育信息化概念的提出是对教育现代化的追求。教育现代化是教育发展的重要目标，旨在通过改革创新，提升教育质量和效率，培养更多高素质的人才。教育信息化作为教育现代化的重要组成部分，能够推动教育资源的优化配置，提升教育教学的智能化水平，为教育现代化提供有力支撑。

教育信息化概念的提出，是信息技术快速发展、对传统教育模式的挑战以及对教育现代化的追求等多种因素共同作用的结果。随着教育信息化的不断深入发展，相信未来的教育将更加智能化、个性化和高效化。

（2）教育信息化的发展历程。教育信息化的发展历程可谓是一部波澜壮阔的史诗。从最初的手工记录，到后来的电子化管理，再到现在的智能化教学，每一步都凝聚了无数教育工作者的智慧和汗水。

在早期，教育工作者们主要依赖手工记录和管理，无论是学生的考勤、成绩还是教学计划，都需要通过纸质文档来记录和保存。这种方式不仅效率低下，而且容易出错，给教学工作带来了很大的不便。

随着科技的进步，电子化管理逐渐进入了教育领域。学校开始采用各种管理软件来记录学生的信息、成绩和出勤情况，这不仅提高了工作效率，也减少了出错的可能性。同时，电子化教学资源的出现，如电子课件、在线视频等，也为教学带来了更多的可能性。

近年来，随着人工智能技术的发展，教育信息化进入了全新的阶段。智能化的教学辅助系统、学习推荐系统等开始在教育领域广泛应用。这些系统能够根据学生的学习情况、兴趣爱好等因素，为他们提供个性化的学习建议和资源推荐，大大提高了学习效果。

未来，教育信息化的发展将更加迅速和深入。我们可以预见，随着技术的不断进步，教育将更加智能化、个性化，为学生的学习和成长提供更好的支持和服务。同时，我们也需要关注教育信息化带来的挑战和问题，如数据安全、隐私保护等，确保教育信息化能够在健康、可持续的道路上不断发展。

二、教育信息化的特点

概括来说，教育信息化主要有以下几个显著特点（图1-1）。

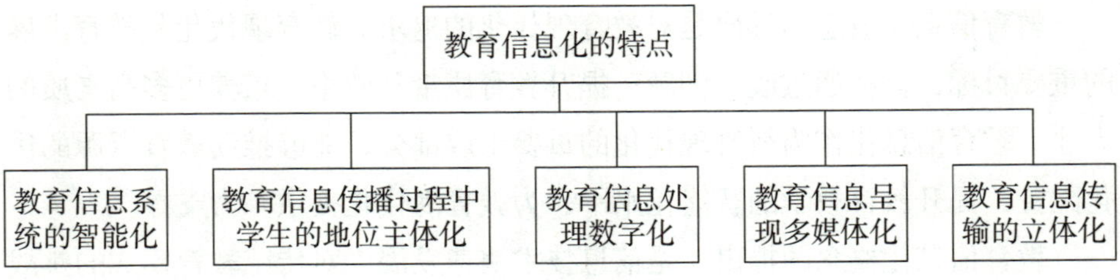

图1-1　教育信息化的特点

（一）教育信息系统的智能化

智能化的教育信息系统能够根据学生的不同特点和需求，提供个性化的教学方案，实现因材施教。通过人工智能技术，系统可以自动分析学生的学习情况，给出相应的反馈和建议，同时也可以根据学生的学习进度和掌握情况，自动调整教学方案和内容，以更好地适应学生的学习需求。

此外，智能化的教育信息系统还可以实现多种感官的刺激，提高学生的学习效果。通过多媒体技术，系统可以呈现出生动、形象的画面和声音，吸引学生的注意力，提高他们的学习兴趣和参与度。同时，系统也可以根据学生的反馈和表现，自动调整教学内容和方法，以达到更好的教学效果。

（二）教育信息传播过程中学生的地位主体化

传统教育通常是以教师为中心，学生往往处于被动学习的状态，缺乏主动性和参与性。而智能化的教育信息系统和信息呈现多媒体化等新技术手段，使可以通过多种方式积极主动地建构知识，开展协商式学习和合作式学习。

在智能化的教育信息系统中，学生可以通过超文本、超媒体等电子教材和其他手段、工具，自主选择学习内容和方式，更好地发挥主观能动性，实现个性化学习。同时，系统还可以根据学生的学习情况，自动调整教学方案和内容，提供及时的反馈和建议，以帮助学生更好地掌握知识和技能。

在信息技术支持下，学生可以通过与计算机合作等方式，开展合作式学习。这种学习方式可以激发学生的学习兴趣和动力，培养他们的团队协作能力和问题解决能力。同时，学生还可以通过与同伴或教师开展协商学习，提高沟通交流和批判性思维的能力。

（三）教育信息处理数字化

现代信息技术的发展使得教育信息处理系统的设备更加简单、性能可靠、标准统一。通过使用数字化技术，系统可以只使用1和0两个代码进行信息处理，这使得系统的集成度更高，处理速度更快，同时也提高了信息的保真度和存储容量。

这种数字化技术的使用，使得教育信息处理系统可以更加高效地处理和存储各种形式的信息，包括文本、图片、音频、视频等。同时，系统还可以实现信息的快速传输和共享，提高了信息的使用效率和价值。

此外，现代信息技术的发展还促进了教育信息处理系统的智能化和自动化。系统可以通过人工智能技术和大数据分析等技术，自动分析学生的学习情况和发展趋势，提供个性化的教学方案和反馈建议，同时也可以实现自动化评估和考核等功能，提高了教育的质量和效率。

（四）教育信息呈现多媒体化

多媒体技术的支持可以整合各种表征信息的媒体，包括文字、图片、声音、动画、录像、模拟等景象。这种整合使教学内容更加生动化、形象化，从而更加吸引学生的注意力，调动他们的学习积极性。通过多媒体技术，教师可以根据不同的教学内容和目标，选择适合的媒体形式，将它们有机地结合起来，形成生动有趣的教学内容。例如，在讲述历史事件时，教师可以利用图片、动画和录像等媒体形式，重现历史事件的发生过程，让学生更加深入地了解历史事件的背景、经过和影响。在讲述自然科学知识时，教师可以利用模拟实验和动画等媒体形式，演示自然现象的形成过程和变化规律，帮助学生更加深入地理解自然科学知识。

多媒体技术的支持还可以为学生提供更加丰富的学习资源和多样化的学习方式。例如，通过互联网和数字化图书馆等资源，学生可以获取大量的学习资料和信息。同时，学生还可以通过在线学习和远程教育等方式，实现自主学习和个性化学习。

（五）教育信息传输的立体化

网络技术的应用使得教育信息资源可以立体化传输，包括文字、图片、音频、视频等多种形式的信息。这种立体化的传输方式可以更加生动形象地呈现知识，提高学生的学习兴趣和参与度。同时，网络技术还可以实现信息的双向传输和交互，使得学生和教师之间可以更加便捷地进行交流和合作，提高教育的效果和质量。

三、我国教育信息化的发展

我国教育信息化的发展可以追溯到20世纪90年代初，经历了多个阶段的发展历程。以下是其发展阶段和有关关键事件的信息。

（一）20世纪90年代初至2000年

这一阶段是教育信息化的起步阶段，主要是在各级各类学校中推广计算机和信息技术，建立了一些计算机教室和校园网，开始探索计算机辅助教学和网络教育应用。

（二）2001年至2010年

这一阶段是教育信息化的快速发展阶段，主要是实施“校校通”工程，推动中小学普及信息技术教育，建设了大规模的数字教育资源库，推广了网络教育和远程教育，实现了教育信息化与学科教学的深度融合。

（三）2011年至2015年

这一阶段是教育信息化的深化发展阶段，主要是实施“一师一优课一名师一团队”工程，推动优质数字教育资源的共建共享，推广混合式学习和翻转课堂等新型教学模式，加强信息化教学能力和教师信息技术素养的培养。

（四）2016年至今

2016年至今，在教育信息化的发展转型阶段，我国积极实施“互联网+

教育”行动计划，以推动教育现代化进程。这一阶段的核心目标是实现教育信息化与经济社会发展的深度融合，通过数字化校园建设，为教育领域注入新的活力。在这个过程中，我国政府高度重视信息化基础设施和数字化教育资源的建设，制定并实施了一系列政策措施。这些政策旨在提升教师的信息化教学能力，培养学生的信息技术素养，从而推动教育的公平和普及。此外，我国还积极参与国际合作与交流，学习借鉴其他国家的先进经验和技术，以提升我国教育信息化的整体水平。经过多年的努力，我国教育信息化取得了显著成果。然而，我们也要看到，仍有一些问题和挑战阻碍着教育信息化的发展。例如，数字鸿沟问题、网络安全问题以及信息化资源整合不足等。为应对这些问题，我国将继续加强教育信息化工作，推动数字化校园建设和数字化学习资源的开发与应用。未来，我国将加大对信息化教学能力和教师信息技术素养的培养力度，以促进教育的公平和普及。此外，还将进一步探讨如何有效整合各类信息化资源，提高教育信息化建设的效率。在此基础上，我国教育信息化将不断向前发展，为教育领域带来更为深刻的变革。

总之，我国教育信息化发展转型阶段的关键任务是实施“互联网+教育”行动计划，推动数字化校园建设，实现教育信息化与经济社会发展的深度融合。在这个过程中，我国政府积极出台政策措施，加强信息化基础设施和数字化教育资源的建设，提升教师的信息化教学能力和学生的信息技术素养。同时，我国还积极参与国际合作与交流，借鉴其他国家的先进经验和技术，以提升我国教育信息化的水平。

第二节　高校思想政治理论课教学的现状与挑战

随着教育信息化的发展，高校思想政治理论课教学正面临着深刻的变革。“互联网+教育”与高校思想政治理论课教学改革的理论与实践探索表明，互联网对高校思想政治理论课产生了深远影响。如何提高高校思想政治理论课的教学效果，成为当前教育界关注的焦点。

一、高校思想政治理论课教学的现状

随着我国社会经济的快速发展，高校思想政治理论课（以下简称思想政治理论课）在培养社会主义建设者和接班人的过程中发挥着越来越重要的作用。然而，在当前的高校思想政治理论课教学中，仍存在一些问题和挑战。下面将对高校思想政治理论课教学的现状进行探讨，以期为改进和提高思想政治理论课教学质量提供一些参考。

（一）高校思想政治理论课资源信息化不足

首先，教育资源分配不均，即资源更新速度与发展的不平衡。地区经济和政治条件的影响使得各地区教育资源建设投资有限，经济发达的地区和国家，其重点高校的教育对象可以享受到最新的、更多数量的教育资源，反之经济落后的地区以及普通院校相对获取最新教育资源的机会较少、较慢一些。

其次，国内高校大数据与思想政治课程的融合正处于起步阶段，微信公众号的资源信息建设也主要依靠教师及学生部门，无法及时引导大学生积极主动地获取信息资源。且教育资源建设还不完善，相对于大家都频繁使用的生活类资源如美团、携程、百度地图等，学习类的APP、微信小程序等成果过少。我国对重点建设一批优质高校思政类公众号工作进行安排部署。公众号共12个类型、200个公众号。宣传推介各地区、各部门、各高校思想政治理论课的有益经验和做法，达到展示成果、交流经验、提升水平的效果。而大部分高校的微信公众号推介和宣传等发展模式并未达到重点建设的标准，在传播经验以及做法方面仍然有待优化。

（二）高校思想政治理论课教师掌握数据的能力有限

首先，高校思想政治理论课教师对于大数据理念认知不足。大数据属于近年来新兴的计算机技术，而传统的教育工作者多采用网络收集的方式，对大数据知识的了解程度存在显著的不足。在大数据盛行的环境下，教育工作者并不能准确地把握教育的机会，致使自身的教育能力以及工作能力受到一定的影响。

其次，存在大数据应用水平欠缺的问题。由于高校思想政治理论课堂教学内容理论性较强，但是缺少理科实证科学内容，让其与偏数字化的大数据技术进行融合存在一定难度，容易出现二者结合浅显化、表面化的问题，缺少实践路径。大数据时代多数大学生都会使用移动终端进行数据与信息的传播，每天都产生着海量的数据与信息，且大数据的采集、处理、挖掘与应用环环相扣，任何一个环节出了问题都会对思想政治理论课的有效性带来巨大影响。在大数据时代，教师获取数据的能力与学生相比并不具备优势，在大数据时代，学生通过智能手机上网即可获取大部分知识，打破了信息不对称带来的教师优势地位。

（三）高校思想政治理论课过程中数字技术运用存在困境

首先，高校思想政治理论课大数据的普及应用率不高，二者的融合创新总体上仍处于初始结合阶段，将大数据技术和高校思想政治理论课内容相互结合的水平以及效率上还存在不足。另一方面，一些高校由于自身经费不足，对大数据软件的开发和投入缺少资金支持，影响校园智慧化建设水平。另有一些高校在校园数字化建设上存在形式化的问题，没有从学生需求的角度考虑，缺少将大数据等相关智能设备融入学生学习的日常。高校在大数据的应用中，部分高校仅仅将常规的教育方法和内容教导给思想政治理论课教师，然而实际工作时，学校并未对大数据的应用平台进行构建、知识筛选方法、技术的应用以及数据的统计等内容均需要教师自己探索发现，而思想政治教师在大数据素养方面普遍存在欠缺。在此情况下，导致大数据下的思想政治理论课流于形式，并不能发挥理想的教学效果。

其次，新技术在高校思想政治理论课工作的应用中存在无法回避的信息泄露的问题，尽管教育者获取大学生的数据信息是为了更好地对其进行教育，但是由于目前没有具体规定所获数据的适用范围，因此可能造成大学生个人数据信息的滥用，侵犯其隐私权。比如大学生的消费记录、上网时间、宿舍出入情况等都会涉及他们的隐私。教育者收集到的数据也可能被不法分子利用，导致大学生信息泄露，甚至造成伤害。例如《大数据时代大学生思想政治理论课的难点》中提出大数据时代思想政治理论课的伦理困境，认为大数据时代，思想政治理论课面临伦理问题，如校园卡包含学生考试成绩、上网时间、图书借阅情况、教室宿舍出入情况等，而如果融入大数据，实现对学生具体情况的全面分析，则需要进一步传感其他信息，这些信息已有不少涉及隐私，数据的任何意义都不能掩盖它的伦理困境。在此情况下，高校思想政治的大数据应用难度进一步加大。

二、高校思想政治理论课教学的挑战

随着社会经济的快速发展，高校思想政治理论课教学面临着诸多挑战。如何在新时代背景下，有效应对这些挑战，提高教学质量，成为当前教育工作者关注的焦点。

（一）思想政治理论课信息化赋能不足

在当今数字化、信息化的时代，信息技术的运用已经成为各个领域发展的重要推动力。然而，在思想政治理论课教学中，信息化赋能的程度却相对较低，这在一定程度上限制了思想政治理论课的教学效果和影响力。

造成思想政治理论课信息化赋能不足的原因有多方面。首先，一些思想政治理论课教师对于信息技术的理解和应用能力有限，难以将信息技术与思想政治理论课教学内容有效结合。其次，思想政治理论课的教学内容相对抽象、理论性强，难以通过简单的信息技术手段进行呈现。此外，一些学校对于思想政治理论课信息化建设的投入不足，缺乏必要的硬件和软件支持，也制约了思想政治理论课信息化赋能的发展。

为了提升思想政治理论课信息化赋能水平，我们可以采取以下措施。首先，加强对思想政治理论课教师的信息技术培训，提高他们的信息技术应用能力和信息素养。其次，探索适合思想政治理论课教学的信息技术手段，如虚拟现实、增强现实等技术，将抽象的理论知识具象化、生动化，提高学生的学习兴趣和参与度。此外，学校应加大对思想政治理论课信息化建设的投入，提供必要的硬件和软件支持，为思想政治理论课信息化赋能创造有利条件。

通过加强思想政治理论课教师的信息技术培训、探索适合思想政治理论课教学的信息技术手段以及加大对思想政治理论课信息化建设的投入等措施，我们可以逐步提升思想政治理论课信息化赋能水平，推动思想政治理论课教学的创新与发展。这将有助于增强思想政治理论课的教学效果和影响力，提高学生的思想政治素质，为培养德智体美劳全面发展的社会主义建设者和接班人贡献力量。

（二）高校教师队伍人才信息化素质不足

高校思想政治理论课的教师队伍人才信息化素质不足，已经成为制约思政教育质量提升的一个重要因素。在信息化快速发展的今天，思想政治理论课教学已经不能再局限于传统的板书和口授方式，而需要更多地借助信息技术手段，创新教学方式方法，提高教学效果。

针对这一问题，高校应该加强对思想政治理论课教师队伍的信息化素质培训，提高他们运用信息技术手段的能力。可以通过组织专题培训、开展经验交流、引进优秀人才等方式，帮助教师掌握现代信息技术，提高他们在思想政治理论课教学中的信息化应用水平。同时，高校还可以积极探索信息化教学手段在思想政治理论课中的应用，如利用网络平台开展在线教学、建立思想政治理论课程数据库、推广移动学习等，为学生提供更加便捷、高效的学习途径。这些举措将有助于提升思想政治理论课的教学质量，增强思政教育的时代感和吸引力。当然，提高思想政治理论课教师队伍的信息化素质并不是一蹴而就的过程，需要高校长期坚持和不懈努力。只有不断加强教师队伍建设，提高教师的信息化素质，才能更好地适应信息化时代的发展需求，推动高校思政教育的创新发展。

（三）数字技术的应用机制欠缺

我国高校是由多个部门体系组成的统一整体，包括了教务系统、财务系统、科研系统、图书馆系统、人事系统等多个体系。各部门之间既相互联系又相互独立。因此对于数据的格式与要求也不尽相同，在数据库的管理上也存在一定的差异。导致各部门只有获取本部门数据的权限，且每个老师也只能获取自已权限内的数据资源。学校在未建立统一接口数据的基础上，思想政治教师如果需要获取学生的实际数据，则需要与各个部门以及学科教师沟通，造成信息获取难度大，时间长等问题，严重影响获取数据知识的效率，进一步影响思想政治教师大数据知识的使用意愿。另外，学校对学生的相关数据缺乏整合，因而数据质量较差，导致思想政治教师获取的都是零散的数据，还要进一步对学生的实际情况展开分析，这相当于再次增加了获取学生信息的难度。

此外，目前我国各个高校虽然陆续开展校园大数据技术的使用，但是在使用范围上略显局限，在数据的储存上不仅选取的样本不够，而且选取的侧重点也存在一定问题，不能反映学生的全面信息。众所周知，目前大学生除了在校园生活、学习之外，很大一部分时间都用于校外的学习、实习和其他活动中；另外，目前网购平台发展迅速，相比于线下消费，很多学生更愿意在线上购物。所以，各高校在收集学生大数据的过程中受到各种因素制约，使得在思想政治理论课领域上想更全面地获取数据存在较大的难度。

尤其是在社会企业数据信息的获取方面，各个企业秉承着用户信息保密的原则，并不会将用户的大数据信息分享。如淘宝、京东以及拼多多等平台，掌握着海量的用户消费信息，而其并不会将相关数据分享给学校，在此情况下，思想政治理论课工作者仅仅能够通过校内的一卡通以及日常成绩等信息来获取学生的思想动态，对研究学生的思想变化具有一定的片面性。而对于校外信息的获取，如消费信息以及家庭信息的获取，则可能会要求学生自主填写，再加上网络的虚拟性等种种原因，促使学生填写的信息存在不全面或者虚假的特征。总之教师对于学生思想动态的获取难度进一步增大。

第三节　数字化革命对高校思想政治理论课的新要求

随着数字化革命的深入推进，高校思想政治理论课正面临着前所未有的挑战与机遇。为了适应新时代的发展需求，提升高校思想政治理论课的教学质量和实效性，我们必须从以下几个方面进行改革和创新。

一、丰富教学内容，紧跟时代发展

在数字时代，信息传播速度呈现出前所未有的加快趋势，各种意识形态、思想观念和价值取向在此交融碰撞，对广大大学生的思想和价值观念形成了强烈的冲击。面对这一现实挑战，我国高校思想政治理论课的地位和作用愈发凸显，它既是抵御错误思想侵蚀的坚实防线，也是培养一代又一代社会主义建设者和接班人的重要阵地。

为此，高校思想政治理论课的教学内容必须紧跟时代发展的步伐，关注国内外热点问题，深刻把握时代特征，紧密结合中国特色社会主义伟大事业的实践，对大学生进行系统的马克思主义理论教育。这不仅有助于大学生深入理解社会主义核心价值观的内涵，更能帮助他们树立正确的世界观、人生观和价值观，形成独立思考、理性判断和正确行动的能力。

紧跟时代发展的思想政治理论课教学内容，可以提高大学生的理论素养，使他们更好地认识世界。通过深入剖析当前国际国内形势，使大学生充分认识到我国所处的历史阶段、发展任务和时代要求，从而增强“四个自信”，坚定共产主义远大理想和中国特色社会主义共同理想。

关注国内外热点问题的思想政治理论课，有助于培养大学生的社会责任感和使命感。通过分析国内外热点事件，使大学生深入了解社会发展的规律，明确自身的历史使命，积极投身于国家和民族的伟大事业，为实现中华民族伟大复兴的中国梦贡献力量。

结合中国特色社会主义伟大事业实践的思想政治理论课，可以提升大学生的实践能力。通过理论联系实际，使大学生将马克思主义基本原理与中国具体实际相结合，运用所学知识分析和解决实际问题，提高他们运用理论指导实践、推动实践创新的能力。

对大学生进行系统的马克思主义理论教育，有助于他们树立正确的世界观、人生观和价值观。通过深入浅出地讲解马克思主义哲学、政治经济学和科学社会主义等基本原理，使大学生充分认识世界的本质、人生的价值和价值观的导向作用，从而树立正确的人生目标和价值追求。

在数字时代背景下，高校思想政治理论课教学内容必须与时俱进，紧密联系实际，充分发挥其在培养大学生世界观、人生观和价值观方面的关键作用。通过系统的马克思主义理论教育，引导大学生树立正确的人生观、价值观，为实现中华民族伟大复兴的中国梦培养一代又一代有理想、有道德、有文化、有纪律的社会主义建设者和接班人。

二、创新教学方法，提高课堂活力

传统的高校思想政治理论课教学模式在一定程度上已经无法满足当前的教学要求。随着科技的飞速发展和教育理念的不断创新，为了提高课堂活力，教师应充分利用数字技术，创新教学方法，如开展线上线下相结合的混合式教学、实施情境教学、案例教学等。这些创新教学方法可以有效提升思想政治理论课的教学质量和学生的学习体验。

线上线下相结合的混合式教学能够充分调动学生的积极性。通过网络平台，教师可以发布课程预告、教学大纲、学习资料等，让学生提前了解课程内容，为课堂学习做好准备。在课堂上，教师可以针对学生的预习情况进行深入讲解，着重解答学生的疑问，提高课堂互动性。此外，线上教学还可以开展讨论、问卷调查等形式，让学生积极参与，从而提高学生的自主学习能力。

情境教学和案例教学有助于提高学生的学习兴趣。情境教学法通过模拟现实生活场景，让学生在实践中感受思想政治理论课的魅力。案例教学则以真实或虚构的事件为依据，引导学生分析、讨论，锻炼学生的思维能力和判断力。这两种教学方法可以将理论与实践相结合，让学生在轻松愉快的氛围中学习，提高思想政治理论课的吸引力。

教师在教学过程中应注重因材施教，关注学生的个体差异。针对不同学生，可以采取个性化教学策略，如设置分层教学、提供选修课程等。这样既能满足学生的个性化需求，又能激发他们的学习兴趣，提高思想政治理论课的教学效果。

创新教学方法是提高高校思想政治理论课活力的关键。通过线上线下相结合、情境教学、案例教学等多种手段，可以激发学生的学习兴趣，提高课程吸引力，为培养具有全面素质和创新精神的人才奠定基础。在新时代背景下，教师应不断探索和尝试，为提高我国高校思想政治理论课的教学质量贡献力量。

三、加强实践教学，提升学生综合素质

实践教学作为高校思想政治理论课的核心组成部分，正日益受到教育界的广泛关注。实践教学不仅有助于提升学生的综合素质，而且对于培养他们的社会适应能力也具有重要作用。在这个基础上，高校应着力构建和完善实践教学体系，最大限度地发挥社会资源的优势，积极组织学生参与各类社会实践活动，如志愿服务、暑期社会实践等。

实践教学活动的开展，旨在引导学生将课堂所学的理论知识与实际相结合，从而增强学生的社会责任感和使命感。为了实现这一目标，高校应采取多种措施，如制定实践教学大纲、完善实践教学管理制度、加强实践教学师资队伍建设等。同时，还要注重实践教学与理论教学的相互衔接，确保学生在参与实践活动过程中，能够理论联系实际，提高自身的综合素质。

此外，高校还应充分挖掘社会实践活动中的思想政治理论课资源，通过开展主题教育活动，引导学生树立正确的世界观、人生观和价值观。例如，在志愿服务活动中，学生可以亲身体验到帮助他人、服务社会的快乐，从而培养自己的社会责任感和公民意识；在暑期社会实践活动中，学生可以深入基层，了解民情民意，增强自己的实践能力和创新精神。

总之，加强实践教学是提高高校思想政治理论课质量的关键环节。高校

应紧紧围绕这一目标，不断创新实践教学模式，充分发挥社会实践活动在培养学生综合素质和社会适应能力方面的作用。通过实践教学，引导学生将理论知识与实际相结合，培养他们的社会责任感和使命感，为我国社会主义事业培养更多的高素质人才。

四、强化师资队伍建设，提高教学质量

教师，作为高校思想政治理论课的核心推动力，其角色和作用不容忽视。在提升课程质量的过程中，强化师资队伍建设以及提升教师的教学水平和综合素质显得尤为重要。因此，高校在培养和选拔教师队伍时，应注重提升教师的马克思主义理论素养和教育教学能力，以确保思想政治理论课的质量得到实质性提升。

高校应加大对教师的专业培训力度，通过系统的理论学习与实践操作，使教师深入理解马克思主义理论的精髓，从而提高教育教学水平。同时，注重教师队伍的综合素质培养，促使教师在专业领域外，还具备良好的道德品质、严谨的学术态度以及较强的沟通能力，以满足教育教学的需求。

选拔优秀教师是构建高质量教师队伍的重要环节。高校应在选拔过程中，着重考察教师的马克思主义理论素养、教育教学能力、学术水平等方面，确保选拔出的教师能够胜任思想政治理论课的教学工作。此外，还应建立健全教师评价机制，对教师的教学质量和学术成果进行定期评估，以激发教师的工作积极性。

鼓励教师积极参与科研项目，是提升教师学术水平和实践经验的有效途径。通过参与科研项目，教师可以在教研实践中不断丰富自己的知识体系，提高自身的学术素养。同时，教师可以将教研经验与教学内容相结合，以更具启发性和实践性的教学方式，激发学生的学习兴趣，提高教学质量。

高校应以强化师资队伍建设为核心，注重教师培训和选拔，提升教师的马克思主义理论素养和教育教学能力。同时，鼓励教师参与科研项目，不断提升自身的学术水平和实践经验，为提高高校思想政治理论课教学质量奠定坚实基础。只有这样，才能培养出一批优秀的教师，为我国高等教育事业发展贡献力量。

五、构建科学合理的评价体系，促进学生全面发展

科学合理的评价体系对于推动学生全面发展具有至关重要的作用。在高等教育领域，思想政治理论课的评价体系更是关乎学生综合素质培养的关键环节。为了更好地实现这一课程的目标，高校思想政治理论课评价体系应当全面关注学生的思想政治素质、学术能力、实践能力等多方面的发展。

我们要明确高校思想政治理论课的评价体系应以学生的思想政治素质为核心。这是因为，思想政治素质是人才培养的基础，关系到学生的世界观、人生观和价值观的形成。通过课堂教育、实践活动等方式，引导学生树立正确的三观，培养学生具备良好的道德品质和公民素养。

学术能力的发展在高校思想政治理论课评价体系中也占据着重要地位。这包括学生对相关理论知识的掌握程度、独立思考和创新能力等方面。通过对学生学术能力的评价，可以激发他们的求知欲和学术兴趣，为未来的专业发展打下坚实基础。

实践能力也是高校思想政治理论课评价体系的重要组成部分。实践能力是指学生在实际操作中运用知识解决问题的能力。通过参与社会实践活动，学生可以将理论知识与实际相结合，提高自身的实践能力。这种评价方式有助于培养学生的社会责任感和团队协作精神。

除了以上几个方面，课堂表现、创新能力、社会服务等指标也应在评价体系中占有一席之地。课堂表现能反映学生的学习态度和知识掌握程度，创新能力体现了学生的竞争力，社会服务则是对学生社会责任的检验。

为了构建全面、科学、客观的高校思想政治理论课评价体系，我们需要将以上各个方面有机结合起来，形成多元化、全过程的评价方式。这样可以更好地激发学生的学习动力，促进其全面发展，为我国培养更多优秀的人才。

高校思想政治理论课评价体系应注重学生的思想政治素质、学术能力、实践能力等多方面的发展，通过构建多元化、全过程的评价体系，激发学生的学习动力，促进其全面发展。这将有助于提高我国高等教育的质量，培养更多具备创新精神和实践能力的人才。

总之，在数字时代背景下，高校思想政治理论课面临着严峻的挑战。只

有通过深化改革、创新教学方法、加强师资队伍建设、提高教学质量，才能使思想政治理论课真正发挥出应有的作用，为培养担当民族复兴大任的时代新人作出贡献。

第四节　数字化革命与高校思想政治理论课的结合点

随着科技的飞速发展，数字化革命已经深刻地改变了我们的生活方式和思维方式。在教育领域，数字化技术的应用为高校思想政治理论课带来了新的机遇和挑战。为了更好地适应新时代的发展，我们需要探索数字化革命与高校思想政治理论课的结合点，将现代科技融入思想政治理论课，提高教育的针对性和实效性。

一、强化思想政治理论课价值引领的作用

强化思想政治理论课价值引领作用，是新时代高等教育的重要任务之一。思想政治理论课作为大学生思想政治理论课的主渠道，承载着培养社会主义建设者和接班人的重要使命。因此，必须充分发挥思想政治理论课的价值引领作用，引导大学生树立正确的世界观、人生观和价值观。

强化思想政治理论课价值引领作用，需要注重课程内容的时代性和针对性。思想政治理论课应该紧密结合时代发展和国家需要，及时更新课程内容，注重理论与实践相结合，使课程内容更加贴近学生实际，更加具有说服力和感染力。同时，还需要注重课程内容的针对性，针对不同年级、不同专业的学生，制定不同的教学计划和教学内容，使思想政治理论课更加符合学生的需求和发展方向。

强化思想政治理论课价值引领作用，需要注重教学方法的创新和改革。

传统的思想政治理论课教学方式往往注重理论灌输和知识传授，缺乏互动和实践。因此，需要创新教学方法，注重启发式教学、案例式教学、讨论式教学等多种教学方法的运用，激发学生的学习兴趣和积极性，提高思想政治理论课的教学效果。

强化思想政治理论课的价值引领作用，需要注重教师队伍的建设和提高。思想政治理论课教师是思想政治理论课教学的重要力量，他们的素质和能力直接影响着思想政治理论课的教学效果。因此，需要加强对思想政治理论课教师的培训和提高，提高他们的思想政治素质、教学能力和科研水平，使他们能够更好地发挥思想政治理论课的价值引领作用。

强化思想政治理论课价值引领作用，是新时代高等教育的重要任务之一。只有充分发挥思想政治理论课的价值引领作用，才能引导大学生树立正确的世界观、人生观和价值观，为培养社会主义建设者和接班人提供坚实的思想保障。

二、主动设置思想政治理论课议题

主动设置思想政治理论课议题是提升课程质量、增强教学效果的重要举措。在现代教育中，思想政治理论课不仅是传授知识的平台，更是引导学生树立正确世界观、人生观和价值观的重要途径。因此，设置具有针对性、时效性和前瞻性的议题至关重要。

主动设置思想政治理论课议题能够紧密结合时代背景和社会发展。随着社会的不断进步和变革，各种新思想、新观念层出不穷。思想政治理论课应当紧跟时代步伐，及时捕捉社会热点和难点问题，将这些议题纳入课程内容，使学生在学习中更好地理解和把握时代脉搏。

主动设置思想政治理论课议题有助于激发学生的学习兴趣和参与度。传统的思想政治理论课往往注重理论知识的传授，而忽视了学生的主动性和创造性。通过设置具有争议性、探索性的议题，可以引发学生的思考和讨论，激发学生的学习兴趣和参与度，提高教学效果。

主动设置思想政治理论课议题还能够培养学生的批判性思维和创新能力。在面对复杂多变的社会问题时，学生需要学会独立思考、分析和解决问题。通过设置具有挑战性的议题，可以引导学生深入探究问题本质，培养学生的批判性思维和创新能力，为未来的社会发展和进步打下坚实的基础。

主动设置思想政治理论课议题是提升课程质量、增强教学效果的关键举措。在未来的思想政治理论课教学中，我们应当更加注重议题的设置和选择，紧密结合时代背景和社会发展，激发学生的学习兴趣和参与度，培养学生的批判性思维和创新能力，为培养有理想、有道德、有文化、有纪律的社会主义建设者和接班人贡献力量。

三、创新思想政治理论课教育模式

创新思想政治理论课教育模式是当前高等教育面临的重要任务之一。传统的思想政治理论课教育模式往往注重理论灌输和知识传授，而忽视了学生的主体性和实践性，导致学生对思想政治理论课的兴趣不高，学习效果不佳。因此，创新思想政治理论课教育模式势在必行。

注重学生的主体性和实践性。思想政治理论课不仅仅是传授知识的途径，更是引导学生思考、探索、实践的过程。因此，教育者应该采用多种教学方法，如小组讨论、案例分析、角色扮演等，激发学生的学习兴趣和主动性，让学生在实践中掌握理论知识，提高综合素质。

注重课程内容的更新和拓展。随着社会的不断发展，思想政治理论课的教育内容也应该不断更新和拓展。教育者应该关注社会热点和难点问题，引导学生进行深入思考和探讨，增强学生对社会现实的认知和理解。同时，教育者还应该注重课程内容的跨学科融合，让学生在学习思想政治理论课的同时，也能够了解其他学科的知识和方法。

注重教育技术的运用和创新。现代教育技术的发展为思想政治理论课教育模式的创新提供了更多的可能性。教育者可以利用多媒体、网络等现代教育技术，打造数字化、智能化的教学环境，提高教学效果和学习体验。同时，教育者还可以探索在线教育、混合式教学等新型教育模式，为学生提供更加灵活、便捷的学习方式。

创新思想政治理论课教育模式是高等教育改革的重要方向之一。教育者应该注重学生的主体性和实践性，更新和拓展课程内容，运用和创新教育技术，打造具有时代特征、符合学生需求的思想政治理论课程，为学生的全面发展和社会进步作出贡献。

（一）打造思想政治理论课场景体验

利用数字技术搭建话语实践的新领域，利用虚拟现实技术，采取视听结合的方式，塑造思想政治理论课情景话语，发挥出话语的感染力。

第一，AR技术的助力。AR技术（Augmented Reality，AR）在高校思想政治理论课话语体系构建中可以发挥重要作用。AR技术将虚拟内容和真实存在的内容进行实时融合，从而创造出虚拟与现实之间的互动体验。利用AR技术，建设虚拟场景，通过高校思想政治理论课话语实践，形成独特的情境式话语。此外，AR实景还可以增强体验感，通过实时追踪和互动视角内的虚拟画面，将参与者带入一个360度可视的虚拟世界，使其在虚拟世界中获得身临其境的感受。通过这种基于亲身体验和参与实践的方式，推动高校思想政治理论课话语的实践。

第二，虚拟现实（Virtual Reality，VR）技术的广泛应用。虚拟现实技术在课堂教学中得到了广泛应用，可以通过使用VR技术来增强高校思想政治理论课的话语效果。VR是多媒体技术的一种终极应用形式，利用VR技术主要是借助于它的三维虚拟空间效果。通过利用VR技术可以增强高校思想政治理论课话语感染力，实现对内容深层次的理解，真正做到入脑和入心，达到情感上的共鸣。将VR技术应用于高校思想政治理论课的课堂中，学生可以佩戴VR眼镜和数据手套这样的传感设备，去真切感受一个具有三维视听虚拟世界，学生仿佛置身于真实的场景中。比如，可以借助于VR技术将中国革命战争的思想政治理论课素材虚拟现实化，让学生身临其境感受这段中国革命战争时期的场景以及课程的价值导向，同时也能激发学生情感认同，发挥出高校思想政治理论课的话语感染力，从而使高校思想政治理论课的话语体系更加完整。

（二）应用媒介平台

数字时代，搭载数字技术的移动终端，呈现出实时交互性的特征。对于高校思想政治理论课话语体系构建，数字媒介平台可以更好地发挥桥梁的作用。

第一，短视频APP的应用，呈现高校思想政治理论课引领性话语。数字时代，千兆网络开始实现全面覆盖，数字媒介技术更加趋于成熟，移动终端全面普及，这些都使人们可以更加轻松地获取信息，人们也更加适应信息从文字到视频转换。尤其是短视频，所有年龄段的人都在使用短视频平台，高校学生更是其中的主力军。鉴于目前短视频的内容复杂多样，高校思想政治理论课话语要发挥引领作用，合理运用短视频APP宣扬正确的思想观念，特别是要符合国家主流意识形态的话语表达，加强高校学生思想政治理论课学习，提高他们的爱国热情，激发他们的国家责任感和使命感，对他们的人生观、价值观以及世界观有着潜移默化的影响，实现高校思想政治理论课引领性话语影响力。

第二，网络直播兴起，传播新型高校思想政治理论课话语。网络直播在《互联网直播服务管理规定》中被定义为："基于互联网，以视频、音频、图文等形式向公众持续发布实时信息的活动。"其具有强大的技术支持，如千兆光纤、5G和移动客户端等，因此网络直播已成为一种普遍化的现象。目前，网络直播平台提供了一种全新的娱乐、消费和社交方式，高校学生也是网络直播的主要用户群体之一。值得注意的是，网络直播中充斥着海量纷繁复杂的信息，对高校学生的价值观产生多重影响，对他们的判断和认知形成潜移默化的影响。因此，要对网络直播平台进行合理利用，打破高校思想政治理论课的时空和校园边界，将其打造为高校思想政治理论课重要阵地。在网络直播话语中融入思想政治理论课元素，利用网络直播平台的无边界性，实现辐射范围更广的思想价值引领。2020年3月9日，"全国大学生同上一堂疫情防控思政大课"互联网直播开播，通过网络直播让全国高校学生参与学习，引起了广泛关注。利用网络直播平台这个阵地时，将网络直播话语特色的表达，融合高校思想政治理论课的元素，形成价值引领，在网络直播中实现高校思想政治理论课话语的表达。

（三）搭建网络社区

建立网络社区，可以借助同辈之间影响力，实现思想政治理论课内容内化的目的。在网络社区中，可以更好地实现话语的平等地交流，达到思想上引领的效果，从而也就能够完成高校思想政治理论课“立德树人”的根本任务。由此可见，网络社区话语对高校思想政治理论课话语体系构建极其重要。在其搭建网络社区过程中，要对微博、知乎和小红书等现有的、热门的网络平台实现合理利用，同时要建立起高校独立话语平台，搭建起独有且完整的网络社区。

第一，建立独立运营话语平台，形成网络社区。建立属于高校的独立话语平台，独立搭建起网络社区，高校思想政治理论课话语体系构建的主导权必须牢牢掌握在高校手中，不可丧失独立自主意志。目前，高校现有的思想政治理论课话语平台多数是将已知文字、图片、音频和视频的简单整合，发挥和其他自媒体相似的作用，未能达到话语平台功能的最佳效果。要搭建起高校独立运营的话语平台，借助于此实现对样本数据的智能化分析，提供大规模、个性化的话语供给，建立网络社区，进行话语实践，实现高校思想政治理论课话语体系的构建。

第二，合理利用网络平台，建立网络社区。目前，网络社区的搭建，主要是直接借助于微博、知乎和小红书等相关网络平台，来发挥高校思想政治理论课话语功能。但是从长期的发展战略目标来看，这样的做法相当于竭泽而渔，是不能长久坚持的，长此以往，高校将无法牢牢掌握高校思想政治理论课的话语权。微博、知乎和小红书等相关网络平台，都是带有商业性质的网络平台，要对网络平台背后的逐利属性有清晰的认识。在通过微博、知乎和小红书等网络平台，搭建网络社区时做到合理利用，便可以发掘到学生“喜闻乐见”的话语表达形式，使高校思想政治理论课话语接地气。合理利用这些平台，搭建起平等对话式的网络社区，通过话语沟通交流，抓住对方需求。在网络社区的话语实践中，对需求进行分析和整合，提炼成话语表达内容。值得注意的是不要生硬地将高校思想政治理论课话语置于网络社区，形成一种自然可持续性的状态，不断丰富高校思想政治理论课话语体系。

四、提升思想政治理论课教师的数字素养

2021年5月，国家颁布出台《提升全民数字素养与技能行动纲要》，提升

国民数字素养已经在国家层面得到重视，为高校思想政治理论课话语体系构建带来机遇。要不断提升国民的数字素养，培养话语运用能力，提升数字技术应用能力，让数字化助力高校思想政治理论课话语体系构建。

（一）树立大数据思维

数字时代，大数据引发教育领域的深刻变革，应注重计算机网络技术的研发应用，树立清晰的大数据思维。由于个人根据自己对事物的认识和判断而不是客观事物本身作出决策，对事物的理解和判断带有主观性色彩，所以作出行动决策或不行动决策会受到决策者价值取向的影响，大数据思维能使我们在决策中超越原有思维的局限，破除主观影响，形成客观认知。

首先，构建数字化模型，以应对日益复杂的信息时代。通过计算机高效率和精准化推演，我们可以获得大量客观定量分析数据，并借助算法对这些数据流进行全方位整合。这种数字化模型可以帮助我们形成一个闭环式的模型建构，从而更好地推进思想政治理论课。研究者可以在此闭环中进行问题推理和模拟假设，从而更好地理解和分析复杂的社会现象。数字化模型的优势在于其客观的逻辑演绎推理结构，能够在一定程度上规避主观偏见。相较于传统的观念和经验，数字化模型更加注重用数据说话，基于此我们可以更好地理解和分析社会现象，形成较为科学的决策。在高校思想政治理论课话语体系的构建中，进行相对理性的数据分析，改变原有的、固化的思维，不断增强其科学性。

其次，实现思维的空间延展。大数据算法的应用推动了思维空间的延展，虽然传统的实证性研究方法，如访谈和调查，推动了传统意义上高校思想政治理论课的数字化。但由于技术条件方面的局限性，整体研究通常只基于局部数据展开，在广泛应用时一定会存在偏差。然而，通过大数据算法的分析直接获得全样本的信息，从高校思想政治理论课话语体系构建全链路中消除了薄弱环节，实现了整体意义上的构建。在此基础上，我们强调从整体上来研究高校思想政治理论课话语体系构建，形成大规模、个性化的支持。

再次，基于大数据思维进行深度挖掘。数字时代，一种全新的思维方式已经形成，即大数据思维。在这个数字化的时代，理性计算思维在思想政治理论课和知识领域中的应用变得更加深入，借助于算法的创新，我们能够更好地发掘数据所蕴含的知识，数据本身也成了知识的重要体现形式。“实现思政要素、功能、机制、内容、目标的数据化描述，通过数据挖掘发现系统的运行机制和规律，利用历史数据和数据规律预测思政对象的未来思想和行为，通过效果的数据评估反馈调整思政内容和手段以便更加精准、有效地实现立德树人的思政目标。”[①]这是一种基于理性思维和大数据计算的思想，旨在通过算法和数据分析来获得各种知识。在高校思想政治理论课话语体系构建的过程中，利用数据生成数字化的话语分析，在一定程度上可以加快高校思想政治理论课话语质量的评估，为高校的思想政治理论课提供相对准确的依据。通过数据的快速分析，可以精确研判，有助于在理性、客观基础上实现高校思想政治理论课话语体系的构建。可以想象，随着计算机技术和数据处理能力的不断提高，这种基于大数据计算的思维将会在各个领域得到广泛应用，为人们提供更准确和科学的决策支持。

最后，实现思维的协同跨越。在数字化时代，大数据思维已经为跨学科的学术交流平台打下了基础。这种秉持着大数据思维不同学科的研究者之间，拥有互通的语言，在这样的趋势下，学科边界将会实现拓展。一方面，学科间的交流会呈现更多议题，实现学科间的思维碰撞，增强议题设置的丰富性。另一方面，通过跨学科之间的交流，丰富话语内容。由此，高校思想政治理论课内容能在其他学科中有所显现，其他学科也会实现思想政治理论课的功能，从而增强话语体系构建的全面性、完整性和科学性。

（二）培养话语运用能力

数字时代，话语运用能力就是实现数字技术和话语的有机结合，推进数字化赋能话语表达。

一方面要不断强化教育主体话语运用能力。有学者指出：“思想政治理

① 黄欣荣.计算思想政治理论课的内涵及理论建构[J].新疆师范大学学报（哲学社会科学版）2021：42（02）：63-72.

论课话语承载了社会主流意识形态的思想观念、政治观点和道德规范，从其结构来看，主要由认知阐释话语、价值信仰话语和方法策略话语构成。”[①]在高校思想政治理论课过程中，对于话语运用能力培养，能够确保高校思想政治理论课内容更好地传达给学生。

首先，要具有话语表达能力，做到通俗易懂。在话语表达的过程中，提高话语的亲和力、说服力、感染力。其次，要具备话语引领力，实现价值引导，不断提高思想水平、政治觉悟、道德品质。最后，要具有话语组织管理能力，形成这种能力，会促使话语主体不自觉地选择和遵循话语表达者的话语秩序。数字时代，在自由平等的协商空间发展的话语相应需要形成话语秩序的控制，保持话语的可批判性，形成正确的话语方向指引。

另一方面，要努力提升受教者的话语运用。首先，在高校思想政治理论课的过程中，主动谋求师生之间的平等关系，主动表达自身的不同需求。其次，不断提升自我表达能力。作为伴随着互联网成长发展的青年群体，是数字时代兴起和发展的重要见证者和亲历者，青年群体对此拥有话语权，激发青年群体学习高校思想政治理论课内容主动性，建立对话关系，从而自觉形成内化理解。最后，要不断提高自我教育能力，理性运用思想政治理论课学习资料，自觉抵制低俗化和庸俗化的内容，积极思考问题，形成思想政治理论课的良性对话，完善高校政治教育话语体系建设。

（三）提升数字技术应用能力

数字时代，教育走向数字化，对于高校思想政治理论课话语体系构建，提升数字技术应用能力是刻不容缓的。熟练应用数字技术，助力研究和实践，主动适应教育数字化。

第一，对于数字技术形成准确的认知，明确其重要性。在当今数字技术蓬勃发展的浪潮中，正确认知数字技术并明确其重要性变得至关重要。随着5G、人工智能、物联网、大数据等数字技术应用的广泛涌现，数字技术对

① 吴琼.思想政治理论课话语发展研究[M].北京：中国社会科学出版社，2017：46.

于人类社会的发展起到了不可或缺的作用。自从人工智能的诞生以来，其利用强大的数据流、计算力和算法，在数据的处理、知识结构化、系统化、自动化的呈现以及个性化的服务等方面优势已然显现。借助于相关数字技术，发挥其优势，通过数字技术对教育对象进行精确了解、精准分析，构建出教育对象的画像，达到因材施教的效果，实现对内容的内化吸收。

第二，主动接受数字技术应用培训。首先，适应教育数字化的要求，发挥主观能动性，自觉参与数字技术应用培训，更好地依托数字技术实现高校思想政治理论课话语传播。其次，需要对复杂的数据分析过程进行培训，利用大数据算法和人工智能技术，及时总结和准确研判高校思想政治理论课状况，并及时调整话语体系的建构方向。此外，还可以通过虚拟技术的应用培训来提升情景话语设置能力，促进人机结合，形成协同合作，增强话语感染力。利用虚拟技术搭建不同情景场面，实现高校思想政治理论课精神内核和内容具象化表达，打开学生头脑中的经验通道，形象生动的声画场面形成良好的教育资源。基于此，思想政治理论课内容实现内化，进而促进人的思维养成和价值观的形成。

第二章　数字化技术在高校思想政治理论课教学中的应用

随着新媒体时代的到来，数字化技术在我国高校思想政治理论课教学中的应用日益广泛，为课程改革提供了新的契机。本章首先分析数字化技术和理论，然后探讨网络教学平台的建设与应用、多媒体教学资源的开发与利用、互动教学工具的应用与实践，以提高教学效果，为培养德、智、体、美、劳全面发展的社会主义建设者和接班人贡献力量。

第一节　数字化技术理论

随着科技的飞速发展，数字化技术已成为现代社会的重要组成部分。数字化技术是将各种信息、信号和数据通过数字编码、数字处理、数字传输等技术手段，转换为数字形式的技术。它涉及多个学科领域，如计算机科学、通信技术、信号处理等。下面主要介绍大数据技术与人工智能技术的相关知识内容。

一、大数据技术

数据量的持续增长以及数字技术的接连突破使得大数据的内涵得以不断地扩充，尽管尚未形成一致的定义来描述大数据，但学者普遍认可它的规模庞大、多样性丰富、传播迅速、价值可观等特点。且大数据现在已经广泛运用于金融、贸易、商务等商业领域，并发挥出了巨大的商业价值。大数据中蕴含的价值已经得到越来越多人的关注，且目前正在逐渐向医疗、教育、政府治理等更多领域进行应用创新。随着数字化技术的发展，网络化、数据化和智能化正在为人类带来前所未有的新生产和生活方式，这些技术不仅为人们带来了更加美好的生活，也给社会带来了新的挑战，尤其是在思想政治理论课领域。深入探究大数据的起源、理解其内涵、把握其时代特征以及我国大数据发展现状，是发现大数据与思想政治理论课之间关联性的基础，也是解决当前挑战的关键。

（一）大数据的内涵

大数据是以容量大、类型多、存取速度快、应用价值高为主要特征的数据集合，正快速发展为对数量巨大、来源分散、格式多样的数据进行采集、存储和关联分析，从中发现新知识、创造新价值、提升新能力的新一代信息技术和服务业态。所以从本质层面上理解，大数据就是由庞杂的离散数据聚合而成的一种规模巨大且内在关联的数据信息集合，是对客观事实的量化反映，是一种具有潜在价值的社会资源。进而从价值层面来理解，大数据也是一种新兴的价值资源。但是没有经过加工的原始数据是不能彰显其存在价值的，只有通过对海量存在的数据进行深度挖掘与分析，充分发挥人的主观能动性，才能发现新信息，产生新知识，形成新认识；所以大数据也促进了认识论上的革新。继而从技术层面来理解，大数据是促进社会生产力和生产关系的科技力量，具有较强的变革性，是一种新形态的信息生产要素；是认识世界的新技术，是改造世界能力的升华。随着科技的飞速发展，大数据已经成为当今社会的一种重要标志，它深刻地影响着人们的生活方式和生活环境。由此可见，在不同维度、不同语境下大数据的含义也会有所区别。所以对于大数据内涵的理解，不能简单地仅仅从技术层面去把握，还要深入其内涵实质，从本体论、认识论、价值论以及实践论等多个认识层次去理解大数据，认识到大数据作为数据本身、作为一种思想观念或者是作为一种技术手段以及作为一种社会环境等对人类社会发展创造的价值和意义。因此下面认为可以尝试从资源维度、价值维度、技术维度以及时代维度等四个维度来深刻理解大数据的理论内涵。

1.资源维度：作为信息资源的大数据

所谓资源，就是一种客观存在的物质，是一种能够创造价值的财富。根据自然和人类社会两个不同层面，我们将资源划分为两大类：一类是自然资源，如生物、矿产、能量；另一类是社会资源，如知识、信息、技术；其中材料、能源、信息是人类利用率最高的三类宝贵资源。所以，大数据毫无疑问是一种宝贵的社会信息资源，具有较高的利用价值。首先是从“量”的角度来看，大数据就是一种数据集合。一是数据量多。大数据其本质就是小数据在数量上的增加，是大规模数据流的集合，形成了对社会资源的整合。二是数据增量大且增速快。随着社会数字化的深入，人们数字化活动不断增加，导致了数据量指数级的增长，而且未来数据增长量会越来越大，生成速度也会越来越快，就这方面来说大数据是对信息资源的丰富。数据量爆炸式的增长必然导致数据质的飞跃，所以进一步从“质”的角度来讲，大数据是数据发展的一种新形态。大数据已经不仅是用传统二维表表示出来的结构化数据，许多非结构化的数据，如文字、图片、声音和视频等也可以被广泛地储存和处理，甚至人的思想意识、情感偏好、活动轨迹都在不断地被数据化，逐渐形成万物皆可量化的局面，这就导致大量的非结构化数据越来越构成大数据的主体，增长速度远高于结构化数据。所以大数据不仅是数据量大，数据类型也变得越来越复杂多样，其数据种类的增加进一步促进了数据资源的发展。

2.价值维度：作为思维方式的大数据

大数据是人们发现新知识、创造新价值、启发新认知的宝贵信息资源，同时它也在潜移默化地改变着人们思考与处理问题的方式。随着大数据技术的不断发展，社会的信息变得更加透明、可视化，人们的思考和行为也越来越趋于一致，从而形成了一种以大数据为基础的、多元化、平等、开放、互动和可持续的思维模式。[①]大数据作为一种客观存在的资源，其本身并不能决定自己是否有用，只有对其进行合理使用才能体现其价值，人类可以通过洞察和发掘大数据的潜力，因此，最重要的不再是大数据的客观存在，而是如何利用大数据来激发个体的创造力，在大数据思维的引领下，有效运用甚至驾驭大数据。所以不仅要敏感地捕捉和洞察到大数据的潜力与价值，还要将大数据思维付诸实践，通过利用最新的信息技术，对海量数据进行深入分析和挖掘，从而获取有价值的信息，发现事物内部的潜在关系，掌握事物发生的客观规律，才能彰显出大数据的巨大价值。一方面，大数据是对事物的数据化把握，由于大数据具有容量大、种类多、变化快、来源广等传统数据没有的优势特征，使得大数据能够实现对具体事物的精准画像，用来准确描述事物的显著特征与基本情况。另一方面，大数据也不仅仅局限于对过去事物与现象的描述、解释与刻画，也更加侧重于对事物变化状态的监测以及对未来发展趋势的预判，这种数据分析方式没有提前假设，也没有预设的模型，而是借助新一代信息技术，依靠全样本去发现庞大数据之间隐藏的相关关系，从而掌握事物的时空运动特征以及发展规律，作出科学的判断。大数据具有的精准画像与科学预测两大基本功能，显著地提高了认识的科学性以及预测性。所以从价值维度来理解，大数据是认识世界的一种思想观念与思维方式，是一种全新的认识论与方法论。

3.技术维度：作为智能工具的大数据

大数据通过给世界编码，为人类认识世界开辟出了一条新的路径；随着数据量的无限增长，大数据在给我们带来新的思维方式的同时，也促进了信息技术的不断突破，为我们改变世界带来了新工具，使用工具是人类的独有特征，工具进步也代表着人类文明的进步。麦肯锡全球研究院在《大数据：下一个创新、竞争与生产力的前沿》一书中明确表示：大数据不仅局限于传统的数据库，而且还可以涵盖更多的信息，从而为企业带来更多的发展机遇。所以大数据不仅是量大，处理起来也很困难。目前大数据中需要处理的信息已经远远超过了传统数据处理手段能够承受的范围，而且传统存储系统

① 黄欣荣.大数据时代的思维变革[J].重庆理工大学学报，2014)(5)：13-18.

也逐渐无法满足其应用的需要，所以Hadoop、HDFS、MapReduce等各类处理大数据的新技术应运而生，扩充了大数据的内涵。大数据是对海量且复杂的数据进行分析处理的智能工具，是获得新信息与新知识的技术手段。大数据技术是由传感技术、云计算技术、分布式技术等软件与硬件技术有机组合而成的技术生态系统，是大数据挖掘、储存、处理技术以及计算、传输、可视技术等所有数字技术的总称。徐宗本院士指出，物联网是一种交互方式，大数据是其中的核心内容，云计算则是其基础设施，而人工智能则是其应用模式的重要组成部分。物联网解决设备与网络的融合问题，并把物体数字化，从而产生数据，所以物联网是大数据的来源。云计算则为大数据提供了存储与算力支撑。人工智能则是把数据变成信息，是大数据的现实运用，是未来社会发展的方向。因此大数据是与物联网、云计算、人工智能等技术平台彼此渗透、深度融合的数字技术。所以从技术维度来理解，大数据是改变世界的一种科学技术手段，是人们进行社会生产实践能力的升华。

4.时代维度：作为时代背景的大数据

大数据不仅是一种新资源、新思维、新技术，在思维转变以及技术变革的同时也改变了人们的生活方式以及生存模式。随着大数据在金融、贸易、商务、教育、科学等各个领域的快速应用和发展，全社会正在形成一种人人生产数据、人人共享数据、人人热爱数据、人人管理数据的社会文化。大数据时代背景下，数据已经成为人们从事社会实践活动必不可少的生产要素，大数据的降临也意味着人们数字化生存模式的开始。人们在进行虚拟活动时为网络媒介传送数据，同时网络终端又通过智能算法指导生产实践，我们不仅生产数据同时也被数据所控制，大数据不仅提高了信息生产力，同时也变革了信息生产关系。大数据已经深度嵌入人们生活的方方面面，并且开辟出了一个崭新的信息市场，并逐渐发展成为一种新型的服务业态，即数据服务。大数据助力于人们实现美好生活的需要，正在打造全新的数字化生产与生活场景，变革了人的数字化生存方式，在促进知识创新、技术突破、社会发展以及人类进步等各个方面发挥着更多新的价值。

综上所述，大数据是以多源异构的数据集为基础的信息资源，是激发人们数据智慧的思想观念，是提升人们数字创新能力的科学技术，是影响人们数字生存方式的社会文化，是新思维与新方法、新生产力与新生产关系的有机统一。下面试图从资源维度、价值维度、技术维度以及时代维度四个维度出发去考察大数据的深刻内涵，以期对思想政治理论课的数据性特点与价值、数据化优势与局限以及数字化生成机制有更加深入的认识，进而探索出行之有效的解决办法。

（二）大数据的特征

不同发展阶段大数据也呈现出不同的特征，导致学者对于大数据特征的讨论也呈现出不断丰富与发展的趋势，所以当前学术界对于大数据特征的定论仍然众说纷纭，还没有达成一致的看法。研究者对于大数据特征的理解经历了从“3V”到“4V”到“5V”到“6V”再到“6V+1C”的变化，力求尽可能全面地概括大数据所具有的特征。麦塔集团道格·莱尼（Doug Laney）是有关大数据特征的最早提出者，他指出大数据不仅具有数据量大（volume）的特征，还应该包括生成速度快（velocity）以及数据种类多（variety）两大特征，形成了最初“3V”特征说的认识。后来的研究者大多都是在“3V”的基础上对大数据的特征进行拓展，产生了许多关于“4V”的认识，其中美国国际数据公司在《从混沌中提取价值》中提出的数据规模大（volume）、数据类型多（variety）、利用价值高（value）、运行速度快（velocity）的“4V”特征说得到了学界的广泛认可，是当前最普遍的观点。“5V”特征说则是进一步增加了易变性（variability）。“6V”特征说则是进一步增加了真实性（variability）。中国国家统计局统计科学研究所所长潘璠，在“3V”基础上增加了应用价值高（value）、交互灵活性（vender）、来源准确性（veracity）及处理复杂性（complexity），构成“6V+1C”。所以综合学术界目前的观点，多样性（variety）可以从侧面体现出复杂性（complexity），高速性（velocity）可以涵括易变性（variability），所以将从规模性、多样性、高速性、价值性、真实性五个方面来阐述大数据的有关特征。

1.规模性（volume）

从字面上来理解，“大数据”之所以称之为大，无外乎是相对于小数据而言数量更多，体积更大，大数据最显著的特征就是其不断扩张的数据规模。当前正是一个信息大爆炸的时代，互联网的普及与大量智能移动设备的增多使得人们每天产生的数据量呈现出指数级的增长趋势。在智能技术的加持下，同时也加快了数据增长的速度，这种增长速度甚至已经超过了人类目前能够理解的速度。现实生活中1GB的文件我们都觉得已经足够大，然而1EB相当于10亿GB，1ZB相当于1024EB，目前世界上存储的数据已经达到了以ZB计算的级别，现代社会人们每两天产生的数据量就有可能会远远超过过去几千年数据的总量，当前的数据量已经达到了我们无法估量的地步，而且世界上的数据量还在持续地急剧增长，规模也仍在不断地持续扩大。

2.多样性（variety）

大数据不仅具有规模大、数据多的特性，而且种类繁多，具有多样性。从不同角度区别大数据，其种类性质也会出现差异。一是数据形式多样。与传统结构化数据相比，大数据涵盖了各种形态的信息，从结构化的到非结构化的，例如文字、图像、声音和视频。不同表现形式的数据会给人们带来不同的感官体验，从而发挥出不同的价值。二是数据种类多样。这些数据信息不仅形式多样，来源也更加复杂。从客体来源上可分为基于物联网产生的传感数据、基于移动终端产生的社交数据以及基于网络系统产生的平台数据等。从主体角度可分为政府数据、社会数据、企业数据等。在技术受限的情况下，多样性也就意味着大数据很复杂，难以处理与分析，同时也对数字处理提出了更高的要求。

3.高速性（velocity）

数字化时代不仅信息的增长速度超过人们的想象，而且信息的处理速度也在不断突破人们的认知。与传统数据处理手段相比，大数据具有高速性这一独特标识。一是数据产生以及更新的速度加快。互联网在飞快产生数据的同时也在不间断地更新着海量的信息内容，旧的内容在很短的时间内就会很快被新的信息所覆盖，而且覆盖的速度也在不断地加快。二是数据的分析和处理的效率更高。在数据分析技术的助力下，即使是面对如此庞杂的数据信息，与之相关的数据内容也能够在第一时间被筛选出来，并同时在秒级的时间范围内生成处理结果，甚至自动给出解决方案。三是数据的获取与利用也变得更加便捷。移动互联网平台能够迅速地采集到大量的数据，这些数据通过人为整理归类存放在云端，只要在联网的情形下，就可以根据需要随时随地被迅速提取出来供人们所使用，使得数据资源获取更便捷，同时也进一步提高了学习与工作的效率。

4.价值性（value）

数据就像一座宝藏，它拥有无限的可能性，人们可以不断挖掘它，而它所蕴含的价值就像一座深不可测的冰山，我们只能窥探到它的一小部分，而无法完全把握它的全貌。因此，大数据拥有巨大的价值，这是我们无法估量的。首先数据可以被重新使用。随着信息技术的飞速发展，人们可以轻松地存储大量的数据，这些被使用过的数据如果能够被再次利用起来，有可能会再次地释放出更多的隐藏价值。其次大数据具有重组价值。当数据用新的组合方式进行重组时，其实现的就是它的重组价值；当数据集的内部结构被优化后，有可能会发挥出更大的价值。再次大数据还具有折旧价值，即某些数据随着时间推移而慢慢损失掉原本的价值。最后，大数据还具有废气利用价值。如果能够善于运用数据废气里的信息，那么，数据废气可能会变成一笔宝贵的数字财富，其价值不容小觑。

5.真实性（veracity）

真实性也可称之为准确性、可靠性等。因为大数据是对人们日常网络行为轨迹和生活状态的原始记录与客观反映，所以大数据具有一定的真实性。首先，大数据的真实性是指与传统的抽样调查相比较，抽样调查获得的数据具有很强的主观性，而大数据反映的内容相对更加客观也更加全面。虽然大数据也会存在数据造假的情形，会在一定范围内降低数据的真实性，但是如果使用的数据范围足够大，造假的小部分数据对其产生的负面影响也会显得微不足道。其次，大数据的真实性也指数据的真伪性与可靠性，是数据质量的一种体现。但是大数据中不仅包括大量高质量的数据，同时也会存在很多垃圾数据、虚假数据、过时数据等低质量的数据，各种数据鱼龙混杂、良莠不齐。水至清则无鱼，人至察则无徒，所以也正是无限的包容性进一步凸显出了大数据的真实的一面。这就需要人们在高质量数据中发现价值，在低质量数据中找到问题，才能不断提高大数据的质量。因此，承认大数据的真实性也等于承认了大数据的混杂性。

二、人工智能技术

人工智能（Artificial Intelligence，AI）是一种以计算机科学为基础，由计算机、心理学、哲学等多学科交叉融合的交叉学科、新兴学科，它研究、开发用于模拟、延伸和扩展人的智能的理论、方法、技术及应用系统的一门新的技术科学，企图了解智能的实质，并生产出一种新的能以人类智能相似的方式做出反应的智能机器，该领域的研究包括机器人、语言识别、图像识别、自然语言处理和专家系统等。人工智能的本质是模拟人类的思考、认知和决策过程，通过机器学习和深度学习等技术，使机器能够像人类一样进行智能化的操作。

人工智能的起源可以追溯到17世纪的帕斯卡和莱布尼茨，他们提出了构建有智能的机器的想法。然而，人工智能的发展并不是一帆风顺的。由于消解法推理能力的有限，以及机器翻译等的失败，人工智能在20世纪50年代曾走入低谷。但随着专家系统的出现，人工智能研究出现了新的高潮。专家系统是一种能够运用人类专家的知识和经验来解决特定领域中复杂问题的智能系统，它们的出现和应用极大地推动了人工智能的发展。

进入80年代，随着第五代计算机的研制，人工智能得到了很大的发展。第五代计算机是一种全新的计算机系统，它能够模拟人类的智能行为，并具有推理、联想、学习和解释等功能。同时，人工智能的应用领域也在不断扩大，包括自然语言处理、机器学习、图像识别、智能控制等多个领域。

目前，人工智能已经成为当今世界最为炙手可热的新技术方向之一。无论是国家层面还是企业层面，都在积极布局人工智能的技术研发和应用推广。在未来的发展中，人工智能将会继续朝着应用导向型和技术导向型两个方向发展。其中，应用导向型主要关注如何将人工智能技术应用到各个领域中，提高生产效率和生活质量；而技术导向型则更加关注人工智能技术的理论研究和算法优化。

第二节 网络教学平台的建设与应用

随着互联网技术的飞速发展，网络教学平台在我国教育领域中的应用日益广泛。近年来，各级教育部门纷纷加大投入，推动网络教学平台的建设，以促进教育信息化的发展。下面主要分析网络教学平台在高校思想政治理论课教学中的具体应用，包括微电影、微视频、自媒体等层面。

一、以微电影为载体的网络教育平台

“微”时代的到来，让当代大学生的人际交往方式和内心世界发生了改变，也给思想政治理论课课程带来了极大的挑战。在自媒体飞速发展的大背景下，如何提高大学生对思想政治理论课的兴趣，创新思想政治理论课的教学模式，打造大学生自己心中的思想政治理论课，这是摆在“思想政治理论课”教师面前的重要课题。鉴于以上问题，下面尝试围绕大学生的思想行为特点和需求，采用微电影教学来进行思想政治理论课教学的创新，凸显实践育人的效果，让思想政治理论课走进同学们的心中。

（一）微电影融入高校思想政治理论课的可行性

随着微时代的到来和快速发展，微电影教学凭借个性化的方式，生动、形象的特点深受广大师生的喜爱。而微电影教学也开辟了思想政治理论课教学的新路径，既可以满足新时代大学生的特点，又可以弥补传统思想政治理论课的不足，真正做到了“因事而化、因时而进、因势而新”。

1.深入情感，感知生活，学生愿体验

微电影教学法是学生通过小组合作的方式，在老师的指导下制作微电影，促进教学环节吸引力和感染力的增强，最终提升思想政治理论课育人实效的教学方法。学生从自身的学习生活出发，将生活中所闻所见记录下来，自由组队，共同创作，把对生活的这份热爱，感人亲情、价值伦理、的故事拍摄出具有情感温度的思想政治理论课微电影。关注生活、主动思考，他们充分享受着自主学习的乐趣，用行动对思想政治理论课的知识进行再一次的体验和感悟，更能引起大学生这一群体的关注，从而引起大学生群体情感上的共鸣和思想上的碰撞，吸引更多的大学生参与其中，进而发挥最大的育人效力。

2.形式新颖，内容丰富，学生感兴趣

微电影教学相较于传统的思想政治理论课教学，更能够体现时代感和亲切感，符合大学生求新求异的心理，拉近了思想政治理论课教学与新时代大学生的距离。利用短视频，采用喜闻乐见的方式，紧紧吸引着大学生的眼球，解决了时间和地点受限的问题，通过画面、声音、文字一体化形式传播主流思想，打破了传统教学教师自嗨模式，激发学生兴趣，让更多学生参与其中，更好地发挥学生的主体作用，真正地形成教与学相统一。

3.操作简单，团队合作，学生可坚持

王海、柴素芳在《以微电影创新高校思想政治理论课实践教学模式》一文中指出：将微电影应用于思想政治理论课实践教学中的步骤主要分为前期、中期和后期三个阶段。而整个过程只需要一部手机，不需要高额的费用，免费的软件就可以编辑制作。微电影不同于电影，它的特点就是短小精悍，同时承担育人功能，短短几分钟展现出所表达的信念、立场、价值观。在微电影模式下，团队合作更加便捷，每个人负责擅长的部分，撰写、拍摄、剪辑、宣传，分工协作，让学习更加轻松，让每个学生都能充分享受创作过程。同时，团队中会收获友谊，由于彼此互相鼓励加油，学生更愿意将创作坚持到底，达成学习目标。

4.创新思维，提升自我，学生欲突破

青年是全社会最富有活力、最具有创造性的群体，而微电影教学就是需要大学生具有强烈的创新意识，充分发挥想象力，构建新的创意，以新的思维打造剧本，新的角度拍摄作品，新的路径推广和宣传。整个过程学生都积极发挥主观能动性，独立思考、亲力亲为，赋予作品更多的青春气息和时尚元素，激发出无限的创新潜力，把梦想照进现实。对于大学生而言，这种教学方式新颖、有趣，激发学习兴趣，刺激创作欲望，满足好奇心理，学生发自内心地愿意去主动尝试。通过实践操作不仅进一步深化理论知识，突破和提升自己，丰富和充实自己的大学生活，同时通过制作思想政治理论课微电影能够让学生感受艺术气息。寓教于乐，微电影教学让大学生在这个平台上尽情展示自己的创造才华，彰显对创作的热情。

（二）微电影融入高校思想政治理论课的实效性

大学生心中的思想政治理论课，不仅满足他们的学习需求，更要体现育人的宗旨。将微电影教学融合到思想政治理论课中，是否发挥作用，其中关键的一个因素在于这种教学模式是否能够让大学生有认同感和获得感，能否经历“知、情、意、信、行”这一从认识到实践的过程，做到知行合一，体现思想政治理论课教学的实效性。

1.传播主流价值，塑造正确三观

用微电影方式进行思想政治理论课教学就是要寓主流价值观引导于知识传授和能力培养之中，从而塑造正确的世界观、人生观和价值观。对主流价值观和主流意识形态的传播，微电影教学更注重实践性，告别了传统思想政治理论课的灌输式、填鸭式教学，展示了个性化方式，遵从学生内心情感，注重引导和启发教育。从学生情感的获得来看，学生发自内心喜欢参与和创作，对思想政治理论课不再产生厌烦和排斥，而是多了份热爱和期待，学习的积极性和主动性随之增强。而创作的过程其实也是情感不断升华的过程，只有投入真情实感去记录生活中的点点滴滴，亲自感受角色的情绪，体验人生百态，才能塑造正确的三观，让故事更加感人，成果更加有效。伴随着成果的收获，学生对自己更加认可，对思想政治理论课也更加认同，内心也更加充实和自信，过程本身就体现了思想政治理论课潜移默化的育人作用。

2.提升大学生对课程、社会和自我的认知

微电影教学运用到思想政治理论课中，以独特的方式吸引着青年一代大学生，寓教于乐的教学方式拉近了学生和思想政治理论课之间的距离，从低头族变成了课堂主人翁，从听众、观众到导演、主角，这种教学模式改善了大学生对思想政治理论课的认知，增强了学习欲望和热情。微电影教学的创作过程也让大学生深入了解社会，通过体验不同的角色和感受不同人的故事，感悟生活，将课本理论知识转变成一种正力量，为社会做出一份贡献，此过程中大学生对社会的认知更加深刻。相比传统思想政治理论课，微电影教学以学生为中心，发挥学生的主体作用，抓住学生的心理特点和内在需求，让学生在自我教育中审视自己，发现自己的优缺点，激发创作潜力，提升社会责任感，让大学生对自我也有了新的认知。

3.提升大学生的综合能力，达到知行合一。

德育过程就是培养学生知、情、意、信、行全面和谐发展的过程，从知到行的转化，达到知与行的统一是最根本的问题。思想政治理论课微电影教学是一种全方位、多层次的教学方式，教学的过程正是从知到行转化的育人过程，也是将理论课和实践课相结合的过程。一方面有效地解决了传统思想政治理论课“上课明白下课忘”的弊端。另一方面，微电影的成果也可以作为思想政治理论课的教学资源，丰富课堂形式，实现师生互动，创造良好的教学氛围，进一步增强思想政治理论课教学的实效性。

大学生心中的思想政治理论课虽然没有固定模板，但是有着共同的理念，即以立德树人为根本任务，让社会主义核心价值观的传播真正入脑、入心。微电影载体的运用，将新媒体技术和思想政治理论课有机结合，打破传统思想政治理论课教学的弊端，以学生为中心，发挥学生主体地位，提升思想政治理论课的时代感和吸引力，在学中做，在做中学，知行合一，达到实践育人的针对性和亲和力，真正地让思想政治理论课走进大学生的心中。

二、以微视频为载体的网络教育平台

随着互联网的高速发展和智能手机的普及，微视频用户的人数已经占网民的绝大多数。以“短、快、精”见长，且随时随地可以拍摄，不太容易受场地等限制的微视频也深受“00后”高校大学生欢迎。因势利导，将新媒体技术融入高校思想政治理论课中，在思想政治理论课教学中充分、有效运用微视频，结合大学生的学习、生活实际和心理特点，探索新时代高校大学生思想政治理论课的新途径，是时代的进步对思想政治理论课教师提出的新要求，也是实现高校人才培养目标的必要举措。把微视频融入高校思想政治理论课教学，是指结合高校思想政治理论课课程内容需要，制作相关的微视频，并在课堂上播放讲解或分享在教学平台。这不仅有助于增进高校大学生对思想政治理论课教学内容的理解把握，还可以增强学生参与思想政治理论课的积极性，提升思想政治理论课的感染力和吸引力，满足高校思想政治理论课教学的需要，使思想政治理论课教学与时俱进，适应新时代改革创新的要求，进而增强实效性，培养出能够担当时代重任的合格接班人。

（一）微视频融入高校思想政治理论课教学的必要性

随着“互联网+”时代的新发展，高校大学生呈现出新的特点。浏览和拍摄微视频，评价和分享微视频，成为当代大学生日常生活中不可或缺的一部分。大学生在学到新鲜、实用知识的同时，也很容易在无形中受到一些不良信息、负面能量甚至错误思潮的影响。高校的思想政治理论课教师应该思考，如何引导高校大学生利用好手机与网络，创新思想政治理论课教学方式，与时俱进，把握教育机会，为思想政治理论课服务。

1.引导高校大学生树立正确价值取向的客观需要

当前，课堂并不是高校大学生获取知识的唯一途径。大学生可以通过浏览网页、刷抖音短视频等更多元的方式了解世界。面对网络中铺天盖地的大量信息，他们无法做到去伪存真，这容易造成大学生学习错误的知识，或者受到错误思潮的影响，盲目跟风回帖、人云亦云，发布负能量、不实的微视频，在网上传播错误的观点。微视频在使高校大学生不断沉湎于“即时满足”的同时，也容易让缺乏辨别能力的大学生被网络中的负能量左右，对国家、社会以及人生的认识产生误差，这对思想政治理论课的权威地位形成了冲击，也影响了思想政治理论课的实际教学效果。因此，高校思想政治理论课应当密切关注大学生的新变化、新特点，解决他们成长中遇到的难题。这是高职思想政治理论课的应有之义，也必然对教师教学提出新的要求。

2.高校课程改革的需要

随着信息科技的发展，当前高校在教育教学改革形势下，各门学科均根据课程实际进行了一系列改革，并运用多种信息化手段进行提高课堂效果的尝试。其中，微视频因其录制简单、方便，呈现方式灵活，成为受师生欢迎且广泛应用的一种形式。对于政治性、思想性和理论性强的高校思想政治理论课，如何充分利用微视频来调动学生的主动性与创造性，紧紧抓住学生眼球，增强课程感染力和吸引力成为具有普遍性的客观需要。

3.高校思想政治理论课教师提升自身教学能力的需要

当前在思想政治理论课授课中，高校大学生已经不满足于单纯以教师的“讲”为主的满堂灌授课方式。在形式方面，如果思想政治理论课教师不加变通，按照教材内容照本宣科，授课方式没有新意，必然会使得教学过程较为枯燥；在内容方面，如果没有新鲜的案例和生动的事件作为补充，会使学生听课积极性不高，教学效果不佳，让学生失去对思想政治理论课的兴趣，也会对思想政治理论课的认识产生偏差，认为就是念文件、读理论、假大空。

因此，“互联网+”时代对高校思想政治理论课教师的信息化水平提出了更高要求，不仅要对内容进行凝练升华，还要对授课方式进行变革。有效运用微视频，成为高校思想政治理论课教师顺应时代要求提升教学能力的顺势之举，一方面可以提升教师对教学重难点和社会热点的把握，另一方面也是对教师应用信息技术的考验。

（二）微视频融入高校思想政治理论课的创新路径

随着科技的飞速发展，微视频作为一种新兴的教育资源，逐渐融入高校思想政治理论课教学中。微视频具有短小、精练、生动等特点，能够有效激发学生的学习兴趣，提高教学效果。下面从几个方面探讨微视频融入高校思想政治理论课的创新路径。

1.注重教学实施，加强引导鼓励

（1）精于抓住重难点

高校思想政治理论课教师可以在把握教材重难点后，选取适当的主题，灵活运用教学重难点，并组织学生制作微视频，提高学生的参与度。通过对学生的调研，根据不同专业学生的特点提出不同的微视频制作主题，引导学生制作微视频。比如，根据概论课授课的需要选取“四史”教育的内容；根据建党百年的主题选取中国共产党成立一百周年相关内容等。再如，让不同专业学生根据专业特点拍摄不同的微视频：国际贸易实务专业的学生可以侧重国际视野、热点时事，如“一带一路”；旅游管理专业的学生可以联系自己的专业特长，拍摄红色景点的微视频等。在制作微视频的过程中，要对学生进行指导，使之有深刻的思想内涵、一定的艺术性并具有丰富的技术呈现手段。

（2）善于运用微视频

高校思想政治理论课教师要积极结合课程内容，挖掘教材内容，主动寻找与教学内容相符的微视频资源，转发和运用积极的微视频，传播正能量；同时应积极学习微视频制作，熟练掌握微视频使用方法。高校思想政治理论课教师运用微视频的过程，就是把思想政治理论课工作网络化、碎片化的过程。具体而言，通过多样化的内容引导和感染学生，可以通过课堂提问、电子问卷、课后访谈等方式发现与课程内容相符合的微视频或者根据授课需要拍摄微视频；可以根据新时期大学生发展的心理特点和教学情境的需要整合微视频；可以组织高校大学生进行微视频创作。比如，在讲思想道德与法治第三章第一节《中国精神是兴国强国之魂》的时候，可以通过课堂提问，掌握学生对中国共产党人的精神谱系的学习情况，进而分别拍摄“红船精神”“伟大建党精神”“雷锋精神”“伟大抗疫精神”等相关内容，根据实际需要在不同班级分享。与此同时，高校思想政治理论课教师还应不断提升自己的信息技术水平，熟练驾驭微视频制作的能力，还要有敏锐的目光，从海量的微视频信息中筛选出有用的信息为自己课程所用。

2.搭建服务平台，健全保障机制

高校应从学校层面搭建好服务平台，开辟微视频育人阵地，同时要对思想政治理论课加以重视，鼓励思想政治理论课的改革创新，对微视频教学给予支持，加大思想政治理论课教学中微视频的应用。要营造高校大学生思想政治理论课全面育人的良好氛围，学校宣传部门可以在全校范围对学生进行广泛宣传，制定鼓励方案，实施微视频制作评比，使学校全员重视微视频在思想政治理论课课堂的应用；教务部门应给予微视频拍摄的技术人员和设施设备保障；学工部门配合学校在学生教育中进行发动和推广。

三、以自媒体为载体的网络教育平台

习近平主席在全国高校思想政治工作会议上指出：“做好高校思想政治

工作，要因事而化、因时而进、因势而新。”[①]随着互联网应用的普及深化和信息传播的发展演进，人类社会已进入自媒体时代。当前，自媒体在高校大学生思想政治理论课中发挥着重要作用，其适用类型和覆盖范围助推大学生思维方式和交流方式的转变，逐渐取代传统媒体成为大学生信息传播交流的重要途径。所以，广大高校大学生思想政治理论课教师要以大学生思想政治理论课工作的现状为出发点，全方位地分析自媒体所带来的新机遇和挑战，创新工作方法，切实提高高校思想政治理论课工作的有效性和实效性。

自媒体的开放性和包容性，已经得到大学生的广泛认同。高校思想政治工作者唯有顺应时代变化、顺势而为，充分接受和使用自媒体，创新工作方式方法，才能帮助学生树立正确的思想政治立场，达到思想政治理论课工作的最终目标。

（一）提升知识素养，提升大学生媒介素养水平

所谓媒介素养，是指公众接触、解读、使用媒介的素质和修养，共包含三个环节：接触媒介、获取信息；以批判的精神解读媒介，将媒介信息转化为自身所有；利用媒介服务于工作和生活，通过媒介伸张正义及维护自己的利益。在“互联网+”背景下，各种自媒体平台如雨后春笋般产生，为信息的传播提供了丰富的渠道，使得大学生非常容易陷入虚拟与现实的迷雾之中。因此，大学生在面对形形色色、五花八门的信息资源时，提升自己的媒介素养至关重要。大学生应该明确认识到自媒体所带来的机遇和挑战，以及提升媒介素养的必要性和主动性。具体提升的路径包括：联系生活实际，积极参与媒介素养的有关教育，主动学习媒介素养知识，了解媒介的产生、发展和变化规律，培养媒介意识，融入媒介文化和伦理，能够对媒介信息进行正确解读、科学认知，并积极投身媒介实践，传递正能量；参加学校、社会团体或其他组织的媒介实践活动，借助自媒体平台建立自己的自媒体账号，

---

① 习近平.习近平在全国高校思想政治工作会议上讲话：把思想政治工作贯穿教育教学全过程开创我国高等教育事业发展新局面[N].人民日报，2016-12-09（1）.

制作、发布多样的信息，在实践中学会如何正确看待、使用、分析自媒体资源，抵制不良信息。当然，高校也应该制定出台相应的网络媒介管理办法，引导大学生全面发展，营造清净绿色、和谐有序的网络生态环境，培养更多优秀人才。

（二）完善渠道建设，融合新老阵地形成载体合力

自媒体作为一个全新的载体，拓宽了大学生思想政治理论课的边界，对大学生思想政治理论课具有非常重要的意义。因此，要以马克思主义理论为指导，完善平台建设，发挥平台优势和特点，转变课堂教育教学方法，在大学生思想政治理论课中融入自媒体阵地，助力立德树人成效，弘扬时代主旋律。在自媒体时代，应清醒认识到被动灌输、填鸭式教学等传统课堂已经落伍，不能满足新时代教育的要求，需要积极融合、转变教学模式。教师应该根据时代特征和学情，科学设计梳理教学内容，充分利用现代信息技术。一方面，充分利用视频、音频、图片、动画等技术手段辅助教学，将深奥难懂的理论知识直观、生动、形象地展现出来，易于大学生理解和接受；另一方面，可以运用深受大学生喜爱的抖音、微信、微博、腾讯QQ、学校官微等自媒体，及时推送大学生政治教育教学资源，使丰富的教学内容“活”起来，激发学生自主学习的热情，化教育于无形，在寓教于乐中完成思想政治理论课。

（三）转变教育观念，加强思想政治理论课教师队伍建设

在自媒体时代，思想政治理论课教师要转变教育观念，树立新媒体思维。高校思想政治工作，要因事而化、因时而进、因势而新。大学生思想政治理论课教师应与时俱进，紧紧追随自媒体时代的脚步，主动适应和接受自媒体这一新兴事物，树立新媒体思维，重视自媒体的意义和作用，强化“互联网+”意识。在自媒体时代背景下，提高大学生思想政治理论课实效的前提是以人为本。自媒体改变了大学生的生活和交流方式，所以思想政治理论课教师要充分运用自媒体等新媒体手段放下身架，走近学生，融入学生，创

新话语表达方式，实现大学生思想政治理论课的话语权回归，增强教育效果。思想政治理论课教师还应加强学习，提高认识、运用自媒体以及利用自媒体开展教育的能力。首先，积极报名参加思想政治理论课、师德师风、现代信息技术和大学生心理健康等方面的培训，尤其是自媒体等新媒体专项技能培训，提高实操能力；其次，主动申报相关主题的课题，加深研究，指导实践工作；最后，建立相关制度，明晰奖惩考评，保障思想政治理论课教师队伍建设。思想政治理论课教师有了较高的媒介素养，面对负面信息时才能处理得游刃有余、恰如其分，做好学生成长路上的“把关人”。

第三节　多媒体教学资源的开发与利用

随着信息技术的发展，多媒体教学资源在教育教学中的地位日益重要。为了提高教师的信息技术应用能力，激发他们对信息技术的探索热情，实现信息技术与教育教学的深度融合，下面将针对高校思想政治理论课数字图像资源、数字视频资源、数字音频资源的开发与利用三个方面进行探讨。

一、高校思想政治理论课数字图像资源的开发与利用

随着科技的飞速发展，数字图像在高校思想政治理论课教学中的应用越来越广泛。数字图像资源具有生动、形象、直观的特点，能够有效激发学生的学习兴趣，提高教学效果。

（一）购买图像库光盘

可以在市场选购数字化的图形、图像库，它们通常存储在CD-ROM光盘上。这些图像库通常包含大量的图像文件，可以满足各种不同的需求。这些数字化的图形、图像库通常由专业的图像处理公司或个人开发，经过数字化

处理后，以光盘的形式出售。这些图像库中的图像文件通常具有高分辨率和质量，可用于商业和个人用途。

在购买这些数字化的图形、图像库时，需要注意以下几点。

1.确定自己的需求和用途

在购买数字化图像库之前，需要明确自己的需求和用途。例如，如果需要用于商业广告或宣传材料，可以选择一些高质量、专业的图像库；如果需要用于个人创作或设计，可以选择一些价格适中、适合个人使用的图像库。

2.选择可靠的品牌和供应商

在购买数字化图像库时，需要注意选择可靠的品牌和供应商。建议选择一些知名品牌和信誉良好的供应商，以确保购买的图像库质量和售后服务有保障。

3.检查图像质量和分辨率

在购买数字化图像库时，需要注意检查图像质量和分辨率。一般来说，高质量、高分辨率的图像文件可以更好地满足需求，但也需要考虑文件大小和存储空间等因素。

4.注意版权和使用限制

在购买数字化图像库时，需要注意版权和使用限制。一些图像库可能存在版权限制和授权限制，需要了解清楚后再购买使用。

（二）扫描仪扫描

扫描仪是一种将模拟图像转换为数字图像的设备。它通过将图像放置在扫描仪的感光元件上，然后使用光学系统对图像进行扫描和采样，从而获取图像的数字表示。

在扫描过程中，扫描仪会根据图像的密度、亮度和色彩等信息，将模拟图像转换为数字数据，并将其存储在计算机中。这些数字图像可以在计算机上进行处理、编辑、保存或传输，非常方便。

需要注意的是，扫描仪的质量和性能会直接影响数字图像的质量和分辨率。因此，在选择和使用扫描仪时，需要根据自己的需求和预算选择合适的型号和品牌，以确保获得高质量的数字图像。

（三）利用绘图软件

Windows的PaintBrush、Painter和Photoshop都是非常流行的图像处理软件，它们提供了丰富的绘图和图像处理工具，可以满足各种不同的需求。

此外，Office和WPS等办公软件中也提供了绘图工具，这些工具可以用来生成一些简单的图形，如流程图、组织结构图等。这些图形可以满足一些基本的CAI（计算机辅助教学）制作需求。

（四）网上下载

可以从网上下载数字图像。数字图像通常以电子文件的形式存储和传输，因此可以从网上下载到本地计算机或移动设备中。

在下载数字图像时，需要注意版权和使用限制。一些数字图像可能受到版权保护，需要遵守相应的版权法规。此外，一些网站可能需要付费才能下载数字图像。

为了合法地下载和使用数字图像，建议遵守以下原则。

第一，了解图像的版权信息和使用限制。在使用图像之前，先查看图像的版权声明或使用条款，以确保自己有合法的使用权限。

第二，如果需要下载图像，请确保已经获得版权持有人的授权或许可。这可以通过购买授权、申请许可证或与版权持有人联系等方式获得。

第三，不要非法使用受版权保护的图像而构成侵权行为。例如，不要将他人的作品作为自己的原创作品使用或传播。

第四，如果要使用下载的数字图像，请确保遵守相关的使用条款和版权法规。这可能包括署名、禁止商业用途、不得进行修改或分发等要求。

（五）截取屏幕图像

截取屏幕图像保存为数字图像的方法有多种，以下是其中几种常见的方法。

方法一：使用键盘上的Print Screen键

按下Print Screen键，此时整个屏幕的图像将被复制到剪贴板中。

打开一个图像编辑工具，如Microsoft Paint。

在图像编辑工具中，按下Ctrl + V，或者在菜单中选择“编辑”>“粘贴”，以将截图从剪贴板粘贴到画布上。

在图像编辑工具中，可以进行必要的编辑，然后选择“文件”>“另存为”来保存截图。在保存对话框中，选择桌面作为保存位置，输入文件名，然后选择保存。

方法二：使用Windows 10中的“截图”工具

按下Windows键 + Shift + S组合键，此时会出现一个截图工具面板。

在截图工具面板中，可以选择要截取的区域（全屏、窗口、自定义区域等）。

选择完成后，点击“保存”按钮，将截图保存到剪贴板或文件中。

在保存对话框中，选择桌面作为保存位置，输入文件名，然后选择保存。

方法三：使用第三方截图工具

除了上述两种方法外，还可以使用第三方截图工具来截取屏幕图像。例如Snagit、ShareX等工具都可以实现截图功能，并支持将截图保存为数字图像。具体使用方法可以参考相关软件的使用手册或帮助文档。

需要注意的是，不同的操作系统和软件版本可能会有一些差异，具体操作可以参考相关系统的帮助文档或软件的使用手册。

二、高校思想政治理论课数字视频资源的开发与利用

高校思想政治理论课作为培养大学生社会主义核心价值观的重要载体，也需要紧跟时代潮流，充分利用新媒体资源，提升教育质量和效果。在新媒体环境下，大学生的信息获取方式和渠道发生了根本性变化，传统的思想政治理论课方式已无法满足学生个性化、多样化的学习需求。运用数字视频资源，可以丰富教育内容，激发学生的学习兴趣。数字视频资源具有生动、形象、直观的特点，能更好地展示思想政治理论课的教育内容，增强学生的认

同感和信仰。开发数字视频资源有利于教师与学生之间的交流与互动，提高教学效果。同时，教师可以通过网络平台及时了解学生的学习情况，为学生提供个性化的辅导和指导。

（一）利用视频播放软件截取VCD、DVD视频素材

利用视频播放软件截取VCD、DVD视频素材的方法如下。

第一，准备工具：视频播放软件（如暴风影音、QQ影音等）、视频编辑软件（如爱剪辑等）。

第二，打开视频播放软件，播放需要截取的VCD或DVD视频。

第三，在需要截取的片段开头处暂停播放，记录下该片段的开始时间。

第四，继续播放视频至需要截取的片段结尾处，记录下该片段的结束时间。

第五，打开视频编辑软件，导入需要截取的视频文件。

第六，在视频编辑软件中找到“剪切”或“分割”功能，将视频片段截取出来。

第七，根据需要，可以对该片段进行编辑和处理，如添加特效、调整音频等。

第八，导出截取的视频片段，保存为所需的格式即可。

需要注意的是，在截取VCD、DVD视频素材时，要确保所使用的工具软件支持该格式的视频文件，并且要注意版权问题。

（二）网上获取

目前网络上有很多视频资源，可以通过各种下载软件来下载。迅雷、BT、eMule、快播等下载软件都是比较常用的，它们可以下载各种格式的视频文件。此外，还可以使用FLV视频下载软件从在线视频网站（如土豆、优酷、爱奇艺、腾讯等）上下载FLV格式的视频。

使用FLV视频下载软件可以很方便地下载FLV格式的视频，这些软件通常会提供一些实用的功能，如自动抓取视频链接、批量下载、合并下载文件

等。同时，这些软件也通常会支持多种浏览器和网站，包括国内的一些主流浏览器和视频网站。

不过需要注意的是，下载和使用视频资源应遵循相关法律法规和知识产权法规，确保合法合规。

（三）自己录制

通过自己录制，可以获得真实、生动、个性化的视频素材，并且可以根据自己的需求和目的进行录制。

自己录制视频素材有很多优点。

首先，可以获得真实、生动的视频素材，这些素材可以来自自己的身边、工作场所、生活场景等，非常具有实用性和针对性。

其次，可以根据自己的需求和目的进行录制，比如录制自己的演讲、教学视频、操作演示等，非常方便和灵活。

最后，还可以通过后期制作和编辑，提高视频的质量和效果，使其更加符合自己的需求和目的。

当然，自己录制视频素材也需要一些技巧和注意事项。

首先，需要选择合适的录制设备和环境，比如使用高质量的麦克风和摄像头，选择安静、明亮、清晰的录制环境等。

其次，需要注意录制过程中的一些细节和技巧，比如保持稳定的画面和声音、避免过多的背景噪音等。

最后，还需要进行后期的制作和编辑，比如剪辑、添加字幕、调整音频等，以提高视频的质量和效果。

三、高校思想政治理论课数字音频资源的开发与利用

随着科技的不断发展，数字音频资源在高校思想政治理论课领域的应用将更加广泛。在开发音频资源时，要注重资源的系统性、针对性和实用性，以满足不同课程、不同学生的需求。同时，对已有的音频资源进行整合和优

化，提高资源的利用效率。通过数字音频资源，为高校思想政治理论课创设生动、立体的教学情境，使学生在轻松愉快的氛围中接受思想政治理论课。运用数字音频资源的多样性和趣味性，激发学生对思想政治理论课的兴趣，提高学生的学习积极性。利用数字音频资源，丰富教学手段，提高教学的针对性和实效性，从而提升高校思想政治理论课的整体教学质量。数字音频资源的应用，有助于推动高校思想政治理论课的教学方法改革，实现传统教学与现代科技的有机结合。

（一）购买声音素材库

购买声音素材库是一种非常直接和方便的方法来获取大量的音乐和效果声。这种方法通常包括购买预先录制和编辑好的音频文件，这些文件通常由专业的音频制作公司或个人创建，并经过专业的处理和编辑。

通过购买声音素材库，可以获得各种类型的音乐和效果声，例如环境音、背景音乐、特效音等。这些声音素材可以满足在各种场合和用途中的需求，例如电影制作、广告制作、游戏开发等。

购买声音素材库的优点是方便快捷，可以在短时间内获得大量的高质量音频文件，而无须花费大量的时间和精力去自己录制和编辑。此外，这些音频文件通常是由专业的音频制作人员创建和处理的，因此它们的质量通常比自己录制的效果更好，更具有专业性和可靠性。

然而，购买声音素材库也有一些缺点。首先，这些音频文件通常是预先录制好的，因此无法根据自己的需要进行定制和修改。其次，这些音频文件需要支付一定的费用才能使用。最后，由于版权和授权问题，可能需要遵守一定的使用限制和规定，例如不得将它们用于商业目的等。

（二）现有音频格式转化

使用软件进行声音文件格式的转换是一种非常常见的方法。例如《超级解霸3000》中的“实用工具集”里面的“音频工具”就是一个很实用的音频格式转换工具。

这种软件通常可以将声音文件从一种格式转换为另一种格式，例如从MP3转换为WAV，从AAC转换为FLAC等。使用这种软件可以快速、方便地将声音文件转换为所需的格式，以满足不同的需求和用途。

此外，这种软件通常还具有其他一些功能，例如音频剪辑、音频提取、音频合并等，可以更好地处理和编辑声音文件。

需要注意的是，在进行声音文件格式转换时，需要选择合适的软件和转换设置，以确保转换后的声音文件的质量和兼容性。此外，还需要遵守相关的版权和授权规定，不得将转换后的声音文件用于非法目的或侵犯他人的权益。

（三）网上下载

随着互联网技术的飞速发展，我们可以在网上找到各种各样的音频资源，包括音乐和效果声。确实，很多网站都会提供音乐和声音文件的下载链接，我们只需要直接点击这个链接，就可以下载音频资源。

然而，有些网站可能不直接提供下载链接，这时候我们就可以使用一些专门的下载软件，如迅雷、FlashGet等来下载这些音频资源。这些下载软件可以自动识别并下载网站上的音频文件，即使没有直接的下载链接，也可以方便地获取到所需的音频资源。

但请注意，无论是直接下载还是使用下载软件，我们都应当尊重版权，遵守相关法律法规，不要下载和使用未经授权的音频资源，以避免侵犯他人的权益。

（四）自行录音

制作CAI课件时，使用计算机录音是一种非常方便和实用的获取声音素材的方法。自行录音的步骤包括设备连接、设置录音属性、选定录音的通道、录音及保存。

首先，需要准备一个麦克风和一根音频线，将麦克风连接到计算机的音频输入端口。然后，打开录音软件（如Windows自带的录音机或者第三方录音软件），将录音设备设置为麦克风，并调整录音属性，例如采样频率、量化位数等。接下来，您可以选择录音的通道，即选择从麦克风录制声音。最后，开始录音并保存录制的音频文件。

在录制过程中，需要注意一些技巧和注意事项。

首先，需要保持安静，避免周围的噪音干扰录制效果。

其次，需要注意录音的音量和音质，如果音量过大或者过小，会影响录音的效果。

最后，需要选择合适的保存格式和质量，以确保录音的质量和兼容性。

第四节　互动教学工具的应用与实践

高校思想政治理论课互动式教学是一种富有创新性和实效性的教学方法。它强调学生的主体性，鼓励学生积极参与课堂讨论，与教师进行互动交流，从而提高学生的思辨能力和理论素养。在互动式教学中，教师不再是单纯的知识传授者，而是学生学习过程中的引导者和促进者。他们通过设计富有启发性的问题，引导学生进行深入思考和讨论，让学生在思考中发现问题、分析问题、解决问题。这种教学方式不仅能够激发学生的学习兴趣和动力，还能够培养学生的批判性思维和创新能力。同时，互动式教学也注重课堂氛围的营造。教师会采用多种教学手段，如小组讨论、角色扮演、演讲等，让学生在轻松愉悦的氛围中进行学习。这种教学方式不仅能够缓解学生的学习压力，还能够增强学生的团队合作能力和沟通能力。当然，互动式教学也存在一些挑战和困难。比如，教师需要花费更多的时间和精力来设计和组织课堂活动，同时还需要具备较高的教学能力和应变能力。此外，学生也需要具备一定的学习基础和参与意愿，才能够充分发挥互动式教学的优势。

一、互动式教学的内涵与特点

（一）互动式教学的含义

从世界范围来看，自20世纪以来，互动教学法在全球流行起来。而互动教学的思想源于社会学中的互动理论。互动式教学突出了师生之间课堂交往、合作的状态，互动与合作是该教学方法的核心。因此，互动式教学也被解释为教师在课堂上引导师生之间发生的互动活动，以实现特定的学习目标和内容的一种教学方法。[①]从互动式教学的交互角度出发，互动式教学被定义为不同主体之间相互推动和作用的教学形式，将不同的观点、想法和情感带入课堂，鼓励学生通过思维碰撞进行积极学习。[②]在这个过程中既实现了知识的传递，又促进学生个性得到了自由发展。那么，也有将互动式教学从广义和狭义的角度进行一定的解释：广义的互动教学是指学校学习过程中所有相关事物的作用和影响，而狭义的互动教学则是指课堂上教师和学生之间不同形式和程度的作用和影响。[③]

互动式教学意味着在整个教学过程中以师生互为主客体，双方对课堂各要素进行调控的条件下，以一定的知识内容为中介系统，是双方相互作用、共同合作与提高的一种教学方法。思想政治理论课互动式教学，是由教师在精心设计的互动过程中，调控课堂中的各要素，在宽松民主的氛围环境里，促使学生知识、能力、态度价值观有所变化发展的过程，它强调双方的共同提高与发展。

（二）互动式教学的类型

明确互动式教学的相关类型，这是研究互动式教学的基本原则之一。要

---

① 王叶蓓.德育互动教学法[M].上海：华东师范大学出版社，2019：03.

② 王瑾.思想政治理论课互动式教学的误区及对策[J].中学政治教学参考，2014（10）：55-56.

③ 陈颖琼.互动教学其乐无穷[J].思想政治理论课教学，2006（05）：16-17.

求教育者对互动式教学有一定的了解。从而为教师对互动式教学进行有效应用奠定坚实的理论基础。目前对其相关类型进行划分的标准不一，但都有一定的合理之处。

1.根据互动的主体进行分类

教师和学生作为课堂中“教的主体”与“学的主体”，是整个教学过程必不可少的基本构成要素。

依据教师所针对的行为对象可以划分为以下三种类型：师班互动、师组互动，以及师个互动。其中，教师以个别学生、全班学生作为互动对象进行互动的频率较高，同时也被视为互动式教学的主要表现形式。

教师和学生可以根据他们的行为特征进行分类：控制—服从类型、控制—反控制类型和同伴协商型。

2.根据互动的效果进行分类

教育家王家瑾合理运用了系统工程分析法，将教学过程的三要素（教师、学生、教材）构建出教学活动的一个三维坐标体系，形成了自身的课堂互动模型。在该互动模型中，包含着三大变量（T、S、M）以及一个满意值区（A）。其中T即教师（包括教师教学理念、教学方法等），S即学生（包括学习积极性、学习行为等），M即教学内容。A表示为期望的满意度值。

在一定的教学氛围中，当教师（T）、学生（S）、教学内容与媒体（M）三要素之间进行互动并达到最优的位置时，便会产生以A为中心的交汇区，A区域为教学优化目标的满意值区。他通过分析变量T与S，在形成二维教学效果动态模型前提下，将师生间的互动分为两种：一是正向互动——良好的教学效果，二是反向互动——不良的教学效果。[①]

可见，当在教师具有积极的教学态度，较高的教学热情以及熟练运用教学技能的课堂氛围中，与学生更容易达到情感上的共鸣，促使学生在互动教学中充分发挥其自主性。

---

① 王家瑾.从教与学的互动看优化教学的设计与实践[J].教育研究，1997（01）：23-34.

二、思想政治理论课互动式教学有效应用的对策

高校思想政治理论课互动式教学是一种有益的教学方法，它能够提高学生的思辨能力和理论素养，促进学生的全面发展。下面具体分析思想政治理论课互动式教学的具体应用对策。

（一）发挥学生主体作用

学生是构成教学过程的一大基本要素，思想政治理论课互动式教学的有效实施，需要学生发挥自身的主体作用。因此，加强师生互动过程的配合程度，仍然需要激发学生的互动潜力。促使整个互动环节顺利地进行，让学生在知识、能力、情感价值观等方面有所发展。在开放互动的氛围中更好地培育学生学科核心素养。

1.树立学生主体意识

因为受到传统教育模式的长期影响，学生早已经适应“教师讲、学生听”的教学组织形式。这对学生在课堂上进行师生互动的积极性和主动性都会受到不同程度的影响。从而导致学生课堂互动的配合度不高，在课堂上缺乏回答老师问题的主动意识。因此，要改善课堂上学生积极性不高的问题，应该先从学生的思想意识着手。

（1）鼓励学生对自身主体性地位的肯定

部分学生对自身在课堂上的主体地位理解不甚清晰，即依然有很多学生没有意识到自己才是课堂的主人，仍然将教师看作课堂的“主角”。作为社会主义新时代的学生，理应树立一定的主体意识、创新意识和实践观点。部分学生在课堂上将教师的讲授视为知识的主要来源，较为被动地接受教师所传递的信息，反而将教师在课堂上组织的课堂互动视为教师的“独角戏”。

（2）对于新课改的理念和改革的侧重点学生应该有所了解

让学生对当前的教育理念、教育改革进程有一定的普及。避免学生主观能动性受限，不能很好地配合在线课堂互动。

（3）学生应该主动意识到互动式教学的价值意蕴

必要时需要教师告知学生进行课堂互动的必要性，激发学生的互动潜

力。因此，学生应积极主动地接受课堂任务，认清教学目标。选择适合自身的学习方法，提升自身的自我学习能力。以发挥自身的长处，对学习状态适时而恰当地进行自我反思和自我评价。以形成良好学习态度，积极配合政治课堂上教师的互动教学。

2.激发学生课堂互动兴趣

学生作为政治课程知识的接收者，同时也是教师实现教学目标，促进学生思想品德得到发展的主要承担者。学生在课堂上的主观能动性的发挥，决定着他们最终的发展状态。同样，在思想政治理论课互动式教学的运用过程中，能否激发学生的学习兴趣，对于提高互动式教学的效果有不可替代的作用。而通过上述第三章中对于政治课互动式教学应用中出现的问题的分析，发现互动式教学开展的形式基本以师生间的问答为主，表现得较为单一。而用于互动的内容也较为枯燥。

（1）利用多样化的互动形式激发学生兴趣

长期以来，思想政治理论课中的师生互动为节约时间，经常体现为师生问答的形式开展。这种方式的优点在于简单易操作，对教师来说较为容易。也起到了一定的活跃课堂氛围的作用，巩固了课堂所学的知识，是互动式教学常用到的一种形式。但是如果长期单一地使用某一种形式，容易导致学生产生“审美疲劳”，对师生间的问答互动失去兴趣。学生自身具有强烈的求知欲与好奇心，但是在有限的时间与空间中不能随时被激发。那么，适当地开展一些在形式上较为新奇的互动，学生的学习兴趣能够被有效地激发。

①辩论赛，这种形式能够在很大程度上提高学生课堂互动的积极性，激发学生的兴趣点，而且让整个课堂氛围也较为活跃、民主。但是需要注意三点：一是教师需要确定好适宜的主题，符合学生的心理特点，过难和过于简单的辩题都不能够很好地调动学生的积极性。二是教师要善于调控课堂，控制好辩论赛的课间纪律，防止出现意外。三是教师要善于倾听学生的想法，进行一定的鼓励，做好总结工作。

②时政分享会，这种形式开展的师生互动时政性比较强。能够很好地抓住当前政治经济形势的热点，培养学生的批判性思维。同样地在开展过程中教师要做好引导工作，培养具有政治认同感、法治素养的学生。

③社会实践活动，比如劳动教育、参观访问、问卷调查等活动。此类型

的互动打破了校园空间的限制，能够在真实的社会环境中培养学生的解决实际问题的能力。但是要鼓励学生结合感兴趣的社会问题寻求解决方案，有利于形成学生的法治素养。

（2）拓展教学资源吸引学生注意力

政治课堂上所使用的教学资源同样也是吸引学生兴趣的重要因素。现阶段教师运用于互动的素材内容都比较注重是否与当前的热点相联系，这说明大部分教师能够把握住课程的政治性特点。在调研中发现，存在不少的学生认为课堂用于互动的内容比较枯燥乏味，一定程度上偏离了学生的兴趣。那么，在教学资源的选择上还需要教师仔细地思考。笔者认为，要解决互动的内容偏离学生兴趣点的问题，可以从以下两方面着手。

①重视拓展乡土资源，进行本土选材。也就是说，教师在选择互动的素材内容时可以优先选择本土资源。因为这一类教学资源本身贴近学生的现实生活，让学生觉得十分亲切。将其运用在课堂上可以拉近学生与教材知识点的距离，同时也容易激发学生进行探究的主动性与兴趣。笔者在读研期间的同课异构优质政治课展评活动听课中，就发现有几位教师运用了南充市的文化资源作为互动的素材。学生在课堂上也都较为配合，教学效果较好。

②留心社会现实问题，及时进行思想导向。学生知识面广，独立自主意识逐渐增强，他们对于社会现实中的热点问题关注较多。他们对社会现实问题往往只看到表面形式，容易被舆论风向影响。比如唐山烧烤店打人事件与法治的联系，粉色染发女研究生因网暴患抑郁症等社会现实热点。那么，这一类社会现实问题与每个人都息息相关，经常为学生所关注，运用得当能够取得良好的效果。当然，教师在选择此类教学资源时，应保持清醒的头脑，辩证地思考其热点背后所反映的问题。并且将教材的重点与社会现实问题紧密结合，引导学生明确是非黑白，培养正确的思想意识。

3.提升学生个人互动技巧

由于受到学生身心发展不成熟的限制，学生的性格特点、社交方式都呈现出各自特点。在绝大多数的文科班级中女生较多，上文提到还存在相当一部分学生性格较为内敛，在一定程度上影响了学生在课堂上的参与互动的积极性。当然，性格较为开朗的学生也有这样的情况。例如，有部分学生虽然表现性格外向、大大咧咧，课间也积极地和同学聊天互动，但是在课堂上也较少与教师进行互动。即使学生心中有答案，也很少主动地举手回答问题。显然，学生的性格特征并不是学生参与课堂互动的根本决定因素，学生个人的互动技巧还不够成熟，成为与教师之间、同学之间进行交流和协作的一大阻碍。

整个互动式教学的本质就充斥着大量的班级人际互动、社会交往。因此，有目的、有意识地提高学生自身的互动技巧对改善互动课堂氛围显得非常重要。首先，学生应该主动地了解一些与他人相处的技巧，关注他人，与教师敞开心扉，找到正确有效地与老师进行沟通交流的方法。在这个过程中教师也应该关注到学生的情绪情感，在知识传递的过程中与他们进行情感交流。在形成良好师生关系的基础上帮助学生提升个人社交能力。其次，学会在集体的氛围当中培养自身良好的社交能力。将班级视为一个集体，将自己看作班级的成员，树立起高度的集体责任感和团结意识。在教师组织的小组讨论、合作学习、游戏等互动形式中培养良好的互动能力。重视同学之间交流、合作的重要性。最后，在形成正确的价值观的基础上培养学生的社交技巧。学生只有形成良好的道德情感，分清社会行为中的美与丑、善与恶，明了是非黑白，才会形成良好的行为习惯，产生交往的意识。在积极的情感、正确的三观中形成良好的社交技能。

4.鼓励学生进行合作探究

合作性学习是指在教师的引导下，围绕一定的学习任务，将学生以小组为单位进行探究，每位小组成员都有自己的分工，共同协作，相互帮助完成小组任务。在合作性学习的过程中，可以很好地培养学生间的合作意识、协作能力与互动技巧。对于解放思想政治理论课互动式教学师生配合程度的问题有较大的帮助。

（1）需要学生之间的互助协作

思想政治理论课中的合作学习需要学生之间的互助协作，他们每个人都具有各自的任务，一起完成共同的目标。合作探究学习经过共同的学习，小组成员之间必然要进行一定的交流与沟通。学生的主体地位在合作学习当中体现得比较明显，在知识学习过程当中也会进行一定的情感互动。在这个过程当中，学生之间、师生之间可以进行多边的思想与情感交流。这对于课堂来说有利于实现多边互助的教学，打破了传统课堂中教师讲、学生听的单边式教学。既可以使学生在充满吸引力的政治课堂中掌握一定的知识，又可以促进互动主客体间的思想情感交流。这不仅形成了一个知识建构的过程，还形成了一个情感互动的过程。改善互动教学过程重认知、轻情感的问题。

（2）互动式教学实质上是把师生之间的交往、互动看作一个社交系统

强调师生之间、生生之间的交互性，在知识、情感、思想、态度进行一定的传递与交流。思想政治理论课是一门完成立德树人任务的德育性质课程。意味着需要培养学生健全的人格、正确的三观、良好的道德品质、丰富的情感等。而学生良好道德品质的形成需要一定的社会交往和实践，合作学习可以被视为一个“小型社会”。在教师指导下，每个人都有各自的学习任务，生生之间合作、沟通、交流、互助的过程需要做到互相理解、互相尊重。合作学习变单向的教学模式为多项的师生互动、生生互动模式，使学生的互动技巧得到一定的磨炼。

（3）每个小组成员都有各自的学习任务

每个小组成员都有各自的学习任务，经过独立思考后，在这个过程中实际培养了学生的自主学习意识，学会如何学习，形成良好的学习习惯。这有利于改善学生在课堂中处于被动接受的地位状态，提升学生在课堂上的“主人翁”意识，变“要我学”为“我要学”的主动意识。

（二）提升教师互动式教学能力

针对思想政治理论课互动式教学在运用过程中出现的问题，与教师的互动能力与互动技巧有重要的联系。因为部分教师进行互动式教学的能力不足，不能够很好地解决互动课堂中出现的问题。比如，互动难以调动学生的积极性，互动形式过于单一，互动内容远离学生的兴趣等。因此，教师互动式教学能力的提高，是解决上述问题的关键抓手。笔者主要是从教师的教学意识、理念、理论知识、过程设计等方面着手，切实提高政治教师在课堂上的互动教学能力。

1.提高教师对开展互动式教学必要性的认识

对于互动式教学，很多教师都有所了解并进行运用。但是很多时候这种认识是表面的、浅层次的，缺乏对这一教学方法进行系统地学习。不乏对它

的了解仅限于“道听途说”，又或者“摸着石头过河”。思想政治理论课互动式教学的应用，对于绝大多数教师来说，容易构建与批判，但是由于众多的考评制度却难以实施。其中有一个重要的原因是学校与教师没有充分认识到互动式教学的重要价值。

一方面，教师必须在意识上对互动式教学予以重视，才会对互动式教学的开展进行研究。那么，加强政治教师对开展互动式教学必要性的认识，对解决当前互动式教学出现的问题具有积极的推动作用。对于加强对互动式教学的价值的系统认识，笔者提出了一些看法。比如，鼓励教师利用寒暑假时间系统地阅读关于互动式教学的书籍。在相关的书籍中，比较系统、详细、全面地记载了互动式教学的含义、特点、功能作用等。一般在系统地阅读基本专业书籍后，教师对互动式教学的重要价值有了自己更深地理解。总之，加深教师自身对于互动式教学的认识，都需要将开放互动的教学理念做到内化于心，外化于行。

另一方面，教师自身的教育理念在不同程度上都会影响着教师的教学行为，同时也会影响到一堂课的教学效果。政治课堂中互动式教学出现的形式单一问题，与教师的教育理念有着紧密的联系。教师的教育理念影响着自身的教学风格、课堂气氛等。而随着社会的不断发展，我国社会所需要的人才也出现了一些变化。在当前快速发展的经济社会背景下，需要人才具有一定的创造性思维，具有良好地解决问题的能力，也就是全面发展的综合型人才。因此，仅仅单纯地培养能够考出高分的学生已经不能满足社会所需。因此，部分教师陈旧的教育理念应该跟随时代的步伐，及时地更新和调整。在新的教育文化理念下进而培养我国社会真正需要的创新型人才。

因此，及时更新教育理念，一是要依靠教师进行自我更新的意识。二是借助学校组织开展的教师培训等继续教育平台。首先，教师自身要有高度的自觉性更新自身的教育理念。政治教师必须仔细研读国家有关教育教学的政策文件，尤其是涉及学生思想教育方面的问题。有关专门针对思想政治理论课的文件政策，都应该花时间进行学习。认真贯彻落实全国教育代表大会的精神理念，真正地讲好思政课。其次，教师应时刻关注新课程改革的进程，使自身的教育教学理念得到更新。自觉将新课改的精神落实到自身的课堂教学之中。新课改一直关注学生的主体地位的实现，强调着教学过程中师生的交往互动。最后，在学校提供的一些专题培训中虚心学习，与同行教师积极地进行有关教学方面的交流，及时更新自身的教学思想。

2.夯实互动式教学的理论基础

互动式教学的背后具有深厚的理论基础，部分教师对互动式教学的理论来源了解不深。那么，为了更加全面地认识互动式教学，更好地在政治课堂发挥它的重要作用。必须对其理论基础有相关的了解，夯实互动式教学的理论基础。

互动式教学的相关理论包含社会学、教育社会学、建构主义理论、人本主义理论知识等。其包含的理论涉及的范围较广、延展度深。思想政治理论课教师要想全面、科学地提高互动的技能，必须具有扎实的理论基础。正所谓我们常说的“基础不牢，地动山摇”。教师扎实掌握互动式教学相关理论基础是良好的教学能力形成的前提条件。因此，政治教师可以利用闲暇时间，阅览一些关于互动式教学理论的专业书籍或者相关的期刊、论文等。互动技能的提升则需要每位政治课教师思考自身存在的问题，分析自身的教学特点，精心设计互动教学过程，进行再教设计等一系列反思的过程。而针对思想政治理论课互动式教学形式单调、缺乏多样性的问题，教师互动技能的提升利于课堂上熟练地运用多样化的新互动形式。比如说学生感兴趣的“时政分享会”“辩论赛”等互动形式。并选择适合学生身心发展特点的互动素材，激发学生在政治课堂的兴趣。这样将有利于学生的互动参与性提高，在课堂上的配合程度也进一步地得到提升。因此，思想政治理论课的有效开展离不开自身的理论基石，也需要互动技能的磨炼。

3.互动过程关注情感体验

思想政治理论课具有思想性、实践性、时代性等鲜明特点，其理论内容对学生来说具有一定的抽象性、深奥性、概括性等。但是传统课堂“教师讲、学生听”的教学组织模式下，课堂教学中容易忽略情感上的交流，导致在互动的过程中情感较少。思想政治理论课互动式教学的实施，需要在宽松的教学环境以及愉快的情感体验中进行。因此，这要求教师在互动过程中关注到学生的情绪状态，激发学生的情感共鸣。

（1）创设情境进行互动式教学

教学情境对学生的影响是潜移默化的，其创设的情境环境更易于激发学生的情感。由于互动式教学在运用时，更多教师重视基于知识层面的问题，这在一定程度上忽视了对学生情感上的互动，导致思想政治理论课立德树人的任务也受到阻碍。在创设教学情境的互动教学过程中，既做到了学生更易于接受知识，也能激发生内心的情感共鸣，加强师生之间的交流。

（2）以积极的心态激发学生的情感体验

在互动式教学使用的过程中不乏出现一些突发状况，比如冷场、偏题、争论不休等。这些现象的发生是比较常见的，因此在使用互动式教学的过程中应保持积极的心态。迅速地调节好自身的状态，调控整个互动课堂。鼓励学生发挥自身主体作用积极参与，并及时地进行引导。坚持以宽容理解的心态对待学生，帮助学生找到问题所在。在互动的过程中与学生进行积极的沟通交流，想学生之所想，鼓励学生大胆地发表自身的想法。那么，在宽松民主的环境之中，教师与学生能够做到心理相容。教师自身独特的人格魅力在潜移默化的过程中促进学生进步。给予学生较好的情感体验，将有利于顺利地开展政治课堂互动式教学。

第三章 数字化革命与高校思想政治理论课教学模式创新

在数字化技术的影响下，高校思想政治理论课教学模式得到了创新，很多新涌现的模式被应用于思想政治理论课教学过程中，并取得了较好的教学效果。本章重点研究高校思想政治理论课教学中的线上线下混合式教学模式、基于数据驱动的教学模式、基于项目学习的教学模式、翻转课堂教学模式。

第一节 线上线下混合式教学模式在高校思想政治理论课教学中的应用

线上线下混合式教学模式在高校思想政治理论课中的应用，有助于提高教学效果，激发学生自主学习，拓展教学时空，增强师生互动，培养学生的信息素养和批判性思维。在实际教学过程中，教师需要不断探索和实践混合式教学模式，以期为高校思想政治理论课教学改革提供有力支持。

一、线上线下混合式教学模式

混合式教学模式从产生到现在已有多年，在其发展过程中，不同学者对混合式教学有着不同的解读，虽然存在着或多或少的差异性，但也存在着一个普遍共识，即混合式教学是线上网络教学与线下课堂教学的有机结合。

（一）混合式教学模式的内涵

混合式教学区别于线上网络教学和传统课堂教学，又与之相联系，具体如下：

1.线上网络教学

信息技术日新月异，网络在教育中的应用也日益广泛深入。简单来讲，线上网络教学是指在一定教学理论指导下，师生以互联网为依托实现教学目标的一种教学模式。思想政治课是一门与社会生活有着紧密联系的课程，该课程的综合性、引领性和实时性都要求教师在教学观念上与时俱进，融合创新教学教法，将网络教学优势融入政治课中，拓展教学资源以便及时为学生补充最新的时事政治知识、拓宽知识面。可见，在数字技术高速发展的时代背景下，网络教学的发展势不可挡。

2.传统课堂教学

传统课堂教学是指教师在课堂上与学生面对面交流，通过系统细致的讲解使学生掌握知识完成教学任务的教学方式，至今也是思想政治课中应用最频繁的教学模式。2020年，新课改和新课标的修订进一步完善了思想政治课教材的整体框架，教材内容更加丰富，但同时也加大了教师的授课难度。传统教学保证了教师可以有固定的时间和空间为学生系统化地授课，还可以实现与学生面对面的交流中进行情感沟通。可见，传统课堂教学模式以其独特优势在现代教学中仍发挥着不可替代的作用。

3.混合式教学

随着教育信息化的深入，混合式教学得到了普遍关注和快速发展，可以说混合式教学是现代教育改革的创新热词之一。在国外，美国学者迈克尔·霍恩（Michael B.Horn）认为混合式教学包括三个部分的内容：一是在线学习，即学生的学习过程中至少有一部分知识是通过在线学习获得的；二是在教师监督和指导下进行的学习，即学习过程中学生的一部分知识和技能在教师督导之下获得；三是一种综合性的学习体验，即前面两种学习路径模式是相互关联的，学生拥有线上线下学习的综合性体验。①在国内，何克抗教授认为混合式教学就是要把传统学习方式的优势和网络学习的优势结合起来。在这种教学模式中，不仅要发挥教师的启发、引导和监控的主导作用，还要体现学生的主动性、积极性和创造性。②这是在国内外得到广泛认同的两种观点。

混合式教学是一种将线上网络学习和线下传统课堂教学的各自优势相结合的教学模式。其理解需要注意以下几点：第一，混合式教学中的线上网络学习并非线下课堂教学的辅助，而是必备活动，线下课堂教学并非传统课堂教学活动的照搬，而是其深化与拓展③；第二，混合式教学中的“混合”是狭义的，特指“线上”与“线下”的混合，不谈及教学理论、方法及组织形式等其他多种要素的混合，因为教学本身就含有广义“混合”特征，因此从广义角度理解“混合”在本研究中意义不大；第三，混合式教学没有统一的模板但有统一的追求，即充分发挥线上网络学习和线下课堂教学的各自优势提高学习效率与质量。混合式教学模式如图3-1所示：

① 迈克尔·霍恩，希瑟·克莱顿·斯泰克.混合式学习：用颠覆式创新推动教育革命[M].北京机械工业出版社，2015.

② 何克抗.从Blending Learning看教育技术理论的新发展[J].国家教育行政学院学报，2005（09）：37–48+79.

③ 张兆玲.混合式教学在语文教学中的实践与反思[J].天津职业院校联合学报，2020，22（02）：53–56.

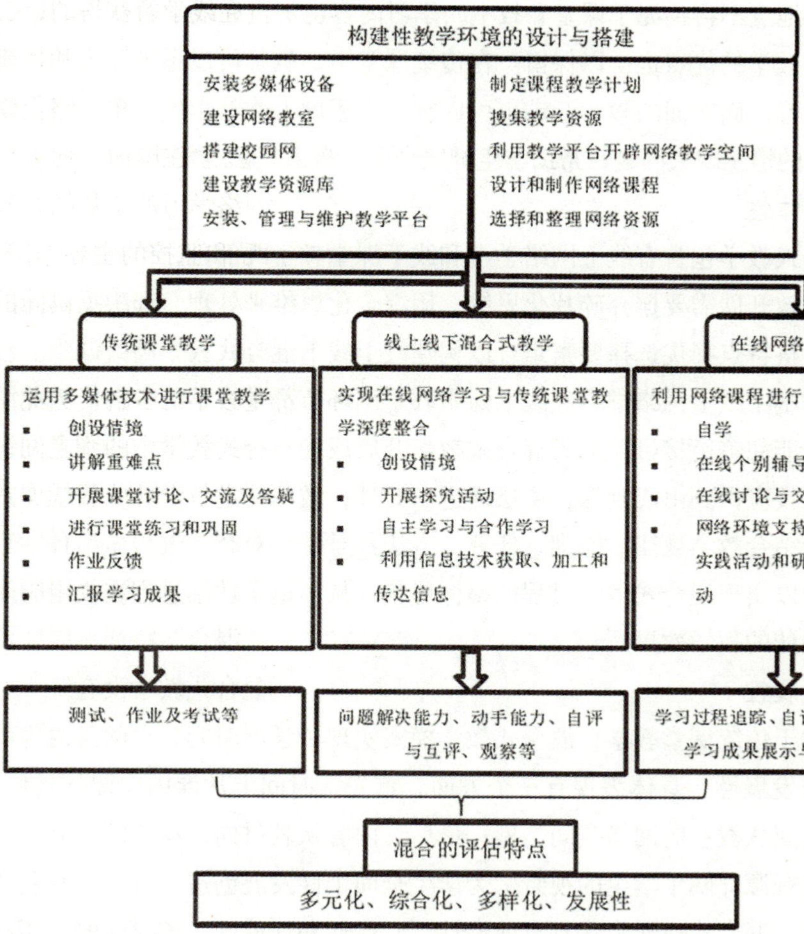

图3-1　混合式教学实施模式

（二）混合式教学模式的基本特征

1.混合性

混合式教学不同于单一的传统课堂教学和在线网络教学，混合性是该模式最大的特征。混合式教学有机结合了传统课堂教学和在线网络学习两种独立教学模式，充分发挥二者优势，以实现教学质量的提高和教学效率的提升。首先，在线网络学习的优势也得以保留。在线网络教学突破时空的限制，学习时间和地点不再拘泥于课堂和教室，学习内容也不再局限于教材[①]；其次，传统课堂教学的优点也得以保留。在传统课堂中，教师可以系统地为学生讲授课程内容，面对面的教学互动也可以在一定程度上弥补学生因单一线上学习而出现的情感缺失问题，帮助学生健康全面、自由完善地发展。

2.整体性

混合式教学包含有线上网络学习和线下课堂教学两部分，但混合式教学模式的有效开展需要摒弃碎片化思维，用综合化思维来处理，即根据具体的课程和学科特点择优选择要素组合以构建线上线下混合式教学高效课堂。在混合式教学中线上网络学习和线下课堂教学两环节都是必不可少的，因此两环节是否能完美衔接过渡成为混合式教学开展成功与否的关键，特别是知识内容的衔接应做到由浅到深，层层递进。此外，教师在进行混合式教学实践时还需要结合教学规律、原则、任务、方法及条件等对教学过程做出科学合理地安排以实现混合式教学过程的整体优化，从而追求教学过程在规定时间内达到最佳的教学效果。

3.发展性

相对于传统课堂教学，混合式教学模式实现了学习时间、空间与内容的开放性与发展性，具体表现有三个方面。首先，时间上从课内向课外延伸；其次，空间从教室向网络空间拓展；最后，内容从教材向广泛资源扩充，丰富的网络资源开阔了学生的视野，为学生全面个性发展创造了现实的有利条件。可见，混合式教学模式具有前沿性、时代性和开放性，该模式的运用有利于培养学生的创造性和发散性思维，提升学生综合能力。

4.高效性

混合式教学模式坚持以学生为中心，鼓励学生在教师指导下主动建构知识。在混合式教学线上环节，学生可以根据自己的认知水平、个性发展需求及兴趣爱好等自主学习新知识；在混合式教学线下环节，学生在教师指导下对学习内容进行建构与加工，从而掌握知识、增强能力及提升思想境界；此外，在课后学生可以再次通过平台进行学习巩固，而老师和学生在这过程中

① 王钿.混合式“金课”的内涵、特征及建设要素[J].教师教育学报，2021，8（06）：70–76.

对学习情况也能进行了解和发现，从而实现学生精准学习、查漏补缺，老师精准辅导、因材施教。[①]可见，混合式教学模式有助于教学高效开展。

二、高校思想政治理论课教学中线上线下混合式教学模式的应用

线上线下混合式教学模式强调教学环节的设计，旨在实现教师的教与学生的学的有效衔接。这不仅有助于推动传统的课堂教学与现代化的线上教学的精准对接，还能整合线上资源的优势与线下互动的优势，同向发力，使传统与现代的教学模式得以优化组合。

线上线下混合式教学模式在思政课中的应用，既能够发挥线上教学的优势，又能够弥补其不足，实现传统与现代教学模式的优化组合。这种教学模式不仅有助于提高思政课的教学质量和效果，还能够为学生的全面发展提供有力保障。因此，应该积极探索和推广这种教学模式，为高校人才培养注入新的活力和动力。如图3-2所示：

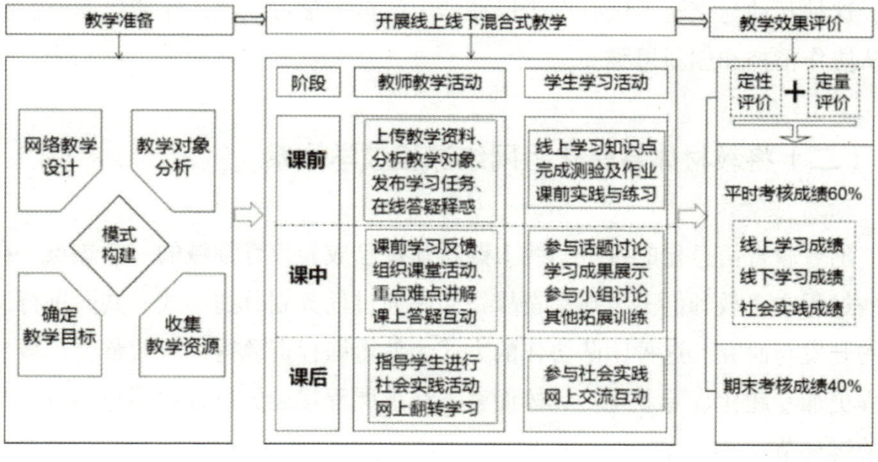

图3-2 思政课线上线下混合式教学模式设计流程

① 王钿.混合式“金课”的内涵、特征及建设要素[J].教师教育学报，2021，8（06）：70-76.

（一）网络教学平台建设

网络教学平台的建设，为现代信息技术在思政课教学中的应用提供了广阔舞台。通过将丰富的线上资源与传统的课堂优势进行有机融合，网络教学平台能够打破传统课堂的时空限制，实现教学资源的优化配置与高效利用。这不仅有助于调动师生的积极性，激发学生的学习兴趣，还能让教师有更多的精力去关注学生的学习需求，解决他们在学习中遇到的各种问题。

在建设网络教学平台的过程中，我们应充分利用各种互联网教学平台的技术支持，结合思政课的特点与需求，构建具有自身特色的教学平台。这个平台应涵盖丰富多样的教学资源，如教学视频、教学案例、课程讲义等，以满足学生个性化、多样化的学习需求。同时，平台还应具备便捷的资源分享功能，实现教学资源的共享与交流，推动思政课教学的开放与合作。此外，网络教学平台的搭建还能为师生之间的互动提供有力支持。通过设计各种互动板块，如问答模块、讨论区等，平台能够为学生与教师、同学之间的交流与合作提供便捷渠道。学生可以在平台上自由发表自己的观点与见解，参与课堂讨论，与同学分享学习心得，从而营造出积极向上、充满活力的学习氛围。这种互动与交流不仅有助于提高学生的自主学习能力，还能培养他们的团队协作精神和创新思维。

（二）将教材体系转化为网络课程教学体系

随着教育信息化的推进，线上课程建设已成为教育领域的一大热点。在这一过程中，教师们不再孤军奋战，而是通过任务划分的形式，共同进行课程的开发与研究。这种团队协作的方式，使得课程资源得以有效整合，教学过程更加专题化、专业化。具体而言，线上课程建设的过程主要包括以下几个关键环节：

教师需要通过集体研讨，对教学任务进行细致的分解和归类。这一环节的关键在于确保每位教师都能明确自己的职责，按照一定规则将教学资源、教学视频、教学案例等内容及时上传。同时，教师还需将线下使用的纸质材料、实物教具进行模拟转化，形成网络教学工具。这样，学生就能方便地获取每一章节的教学资源以及其他辅助性学习资料，为他们的自主学习提供有力支持。

为了激发学生的学习兴趣和积极性，教师需要积极开发具有吸引力、趣味性高、互动性强的教学情境。例如，可以设计一些富有创意的教学游戏、互动问答等环节，让学生在轻松愉快的氛围中掌握知识。这样的教学方式不仅能吸引学生的注意力，还能激发他们的好奇心，促使他们主动自觉地进行探究性学习。同时，通过提高学生的参与度，还能有效提升他们利用所学理论知识发现问题、分析问题、解决问题的能力。

实践教学环节的设计也是线上课程建设中不可或缺的一部分。在这一环节，教师需要精心设计实践教学项目，用好思政小课堂和社会大课堂。一方面，鼓励学生积极参与社会实践活动，经风雨、见世面，在社会大课堂中锻炼实践能力；另一方面，也要抓好校内实践教学，为促进学生的成长和发展创造一切有利条件。此外，加大对网络虚拟实践教学项目的开发力度，也能为学生提供更多元化、更具创新性的实践机会。

（三）构建混合式教学环境

教学活动与环境的关系犹如鱼与水，相互依存，密不可分。教学活动若想取得最佳效果，一个优质的教学环境是必不可少的。教学环境作为教学活动的重要外部条件，对于教师来说，是其有效开展课程教学的基础。

教学环境主要包括硬件和软件两个方面。硬件教学环境是指那些物理设施和设备，如教室、实验室、教学设备等。而软件教学环境则是指那些非物质的、以信息技术为基础的教学资源，如教学软件、网络资源等。两者相互支撑，共同构成了教学环境的整体框架。

在硬件教学环境的构建中，学校应加大资金的投入，确保教学区域的有线和无线网络畅通无阻。这是开展混合式教学的基本条件，也是现代化教学的重要标志。只有拥有稳定、高速的网络环境，才能保障教师能够随时随地获取教学资源，学生也能随时随地进行学习，不受时间和地点的限制。

然而，硬件教学环境的构建只是教学环境建设的一部分，软件教学环境的构建更是重中之重。

要突出以教师为主导、以学生为主体的“双主体”课堂教学互动环境。这种环境能够激发学生的学习兴趣，增强学生的学习动力，同时也能够发挥教师的主导作用，引导学生积极参与课堂互动，提高教学效果。

要打造融移动终端、教学平台、云端存储于一体的虚拟的教学环境。这种环境能够让学生随时随地进行学习，打破时间和空间的限制。同时，通过云端存储，学生可以随时备份和分享自己的学习成果，方便自己的学习和管理。

要形成有利于教师与教师之间、学生与学生之间、教师与学生之间开展有效协作的环境。这种环境能够促进教师之间的交流和合作，提高教师的教学水平和能力；同时也能够促进学生之间的交流和合作，培养学生的团队合作精神和协作能力。

（四）对教学效果的评价

教学评价，作为衡量教学质量的关键指标，对于高校思政课教育教学体系来说具有举足轻重的地位。在当下线上线下混合式教学的新模式下，如何准确评估学生的学习效果，以及怎样科学评定学生的成绩，已成为决定混合式教学成功与否的核心要素。面对这一挑战，我们必须意识到，成绩的评定不应仅局限于期末考试的终结性定量评价。虽然这种评价方式具有其客观性和公平性，但它忽视了学生在学习过程中的动态变化和个体差异。因此，过程性评价的重要性显得尤为突出。过程性评价强调对学生日常学习表现的全面关注，包括课堂参与度、交流讨论的积极性、社会实践的参与度等多个方面。这种评价方式不仅有助于教师更加全面地了解学生的学习情况，还能够激励学生在日常学习中持续投入，形成良好的学习习惯。

综合性考核方式正是基于过程性评价的理念而设计的。它强调对学生学习过程的重视，通过对学生日常学习表现的观察和记录，避免了学生平时不努力、临时抱佛脚的不良学习习惯的形成。这种评价方式不仅有利于教师及时发现学生在学习中的问题与不足，从而有针对性地调整教学策略，还能够让学生在学习过程中形成对自身和他人的准确认知。具体而言，综合性考核方式对于教师和学生双方都具有显著的益处。对于教师而言，它能够帮助教师更加全面地了解学生的学习情况，及时发现学生在学习中的问题与不足，从而有针对性地调整教学策略，提高教学效果。对于学生而言，综合性考核方式能够帮助他们正确认识自身的优点与不足，形成团队协作意识、自我教育成长意识，使他们在更加正确的价值观的引领下，追求自身的人生理想。

同时，综合性考核方式还能够促进师生之间的互动与沟通。教师可以通过观察学生的日常学习表现，与学生进行更加深入的交流和讨论，从而建立起更加紧密的师生关系。这种互动与沟通不仅有助于提高学生的学习兴趣和积极性，还能够增强教师的教学责任感和使命感。

第二节　数据驱动教学模式在高校思想政治理论课教学中的应用

数据驱动教学模式在高校思想政治理论课中的应用有助于提高教学效果，实现人才培养目标。通过构建数据驱动的教学环境、加强教师数据素养培训、实施数据采集与分析、调整教学策略和评价方式等途径，可以不断提升思想政治理论课的教学质量，为培养具有全面素质和创新能力的人才奠定基础。在实践中，教师应关注数据驱动教学模式的适应性，注重与传统教学方法的结合，形成优势互补，为高校思想政治理论课教学改革提供有力支持。

一、数据与数据驱动

数据与数据驱动已经成为现代商业和社会发展的重要驱动力。随着大数据技术的不断发展和普及，越来越多的企业和组织开始意识到数据的重要性，并积极利用数据来优化业务决策、提升运营效率、创新产品和服务。企业需要积极拥抱数据驱动的理念，不断提升自身的数据管理和分析能力，以应对日益激烈的市场竞争和不断变化的市场需求。

（一）数据

任何时代，数据都伴随着人类活动而产生，同时又作为人类接受各种信息的主要来源，承载着巨大的价值。《辞海》中将广义的数据定义为进行统计、计算等工作时所依据的数值。[①]而在教育领域，数据被赋予了更为具体的含义。从数据的内容上看，以往的教学数据主要指测评数据，包括随堂检测、各学期期中和期末测试题目和测评结果数据，以量化形式作为判断标准。而随着新兴技术赋能课堂教学，在线学习时长、师生互动行为等过程性数据被自动收集，数据的类型和量级不断被丰富，数据的内涵正在朝向量化与质性相结合的方向发展。[②]因此，这里将数据定义为在教学活动过程中所产生的以及根据教学需要采集到的，能够帮助教师全面分析学情、发现隐藏的教与学问题的数据的集合。

（二）数据驱动

数据驱动是基于问题解决角度而提出的一种驱动形式，外国学者吉姆·格雷（Jim Gray）指出，数据驱动是科学家对数据库或者文档中数据进行采集、存储、管理以及统计分析得出结论的一种科学研究的方法。[③]

随后，Elana进一步指出数据驱动是以信息技术为基础，运用算法对采集到的数据进行评估并尽可能地将其长久保留下来。国内学者祁长伟在开展数据驱动视角下的中职精准教学支持系统研究中表示，数据驱动是对数据进行采集、存储、分析等一系列操作的一种科学研究方法。由此可见，数据驱动是指通过对客观数据的收集、加工与处理以支持对现象产生背后真实原因

---

① 陈至立.辞海[M].上海：上海教育出版社，2020.

② 赵安琪.基于过程性数据的探究性学习活动设计与应用研究[D].南京师范大学，2021.

③ 董春雨，薛永红.数据密集型、大数据与“第四范式”[J].自然辩证法研究，2017，33（5）：74–80，86.

的分析，以此寻找最佳的问题解决策略与方法。

“数据驱动”，主要是以教学数据驱动为理念，利用智能技术手段，将教学环境（课堂环境、网络环境、作业考试等）中实时生成的教学数据“翻译”成有价值的信息。通过追溯学生知识结构缺陷、知识点学习、掌握能力诊断、教学目标的达成度等，进而为教师的教学策略（调整教学方案、打造精准教学、实现全面评估、施行科学决策等）与学生的学习策略（制订学习计划、定制学习资源、选择学习路径等）提供更加准确、及时、全面的支持，从而推进数据驱动的教与学。[①]

二、数据驱动模式下高校思想政治理论课的实践进路

数据驱动模式下高校思想政治理论课的实践是一项重要的教育改革任务。在当前信息时代，数据的力量正在逐步改变我们的生活和工作方式，高校思想政治理论课也应紧跟时代步伐，充分利用数据资源，提升教学效果和学生的学习体验。

（一）以数化人：实现“数据–育人”深度交融

在当今时代，大数据科技等先进技术迅猛发展，对我们的生活产生了深远的影响。在这个过程中，广大青年在与数据信息的互动中不断成长，塑造着全新的生活方式。数字化发展为我们带来了诸多便利，拓宽了我们的视野，丰富了资源，扩大了交往互动的范围，同时也记录着青年人的心声。数字化生存已经成为青年人面对生活的主要方式。

数据资源的发展为我们营造了一种新的社会氛围和秩序空间，信息、知识的供给源源不断，为当代数字化生活提供了丰富的文化积累。在这个过程中，无论是数据资源的独享、分享还是共享，或是固化下来的规则和秩序，

① 杨现民，骆娇娇，刘雅馨，陈世超.数据驱动教学：大数据时代教学范式的新走向[J].电化教育研究，2017，38（12）：13–20+26.

都自然形成了一种数字化生存的规制。青年学生在这个过程中遵循、认同并接受这种规制，就是一种“化”的过程。

因此，“以数化人”的理念应运而生。它要求我们深入调研数据资源，分析数据信息，研究青年学生的偏好，以丰富文化内容、提供优良思政教学素材。同时，通过传播动人的思政课故事，引导青年人在数字化生活中接受优秀线上线下的文化熏陶。在这个过程中，我们要有效引导青年人感受、领会、学习、熟悉生活规则，使他们形成与党和国家发展一致的立场、原则。

此外，“以数化人”还要助力青年人在数字化生存中培养崭新的精神生活、意识世界和价值规范体系。这样，他们才能在成长过程中顺利成才，为国家的发展贡献力量。这既是“化”的目的，也是“化”的内容。

总之，在大数据科技等技术的推动下，青年人在与数据信息的互动中不断成长。我们要深入研究和理解这一过程，充分发挥数据资源的优势，以“以数化人”的理念助力青年人形成正确的价值观、立场和原则，培养他们逐渐形成崭新的精神生活、意识世界和价值规范体系。这样，他们才能在数字化生存中茁壮成长，为国家的发展贡献自己的力量。在这个过程中，青年人将不断丰富自己的文化素养，形成与党和国家发展一致的立场和原则，为我国未来的繁荣昌盛作出贡献。

（二）以数助人：构建“善治–善智”助人机制

在大数据时代，大数据技术与思想政治教育的融合已经成为教育教学创新的重要趋势。为了更好地适应这一趋势，构建“以数助人”的平台机制显得尤为关键。在此背景下，大量融合了校内校外、线上线下、圈内圈外资源的混合式思政课程应运而生，传统的教育主体也因此发生了深刻的变革。

教育者需要树立大数据思维。大数据思维是一种运用数据资源进行分析和解决问题的思维方式。在大数据时代，教育者要实现“让数据说话”，就必须依靠大数据思维来指导行为。这意味着他们需要具备收集、整理和分析数据的能力，以便对学生的心理状态、学习状况和发展趋势进行预判。通过这种方式，教育者能够有针对性地开展教育，从而更好地实现立德树人的根本目标。

加快推进数字化教材的编辑工作。高校思政课的质量离不开优质教材的支撑。当前，本科、硕士和博士教材的更新速度相对较慢，与人工智能、区块链等新兴技术的关联度也不足。因此，有必要加快教材的革新，使其适应大数据时代的要求。只有把好教材质量关，坚持“以数助人”的方针，才能确保课堂教学的活力，真正将立德树人的根本任务落到实处。

此外，还需关注以下几个方面：

提升教育者的数据素养。教育者需要不断学习和掌握大数据技术，以便将其应用于教育教学实践。通过提升数据素养，教育者可以更好地挖掘和分析学生数据，为学生提供个性化、精准化的教育服务。

加强校企合作。学校可以与企业合作，共同开发和应用大数据教育平台，整合更多优质资源，提高教育教学质量。同时，企业也可以为学校提供技术支持，帮助学校搭建和完善大数据基础设施。

创设多元化的教学模式。在大数据背景下，教育者可以运用多种教学手段和方式，如在线教育、虚拟现实、MOOC等，丰富教学内容，提高学生的学习兴趣和参与度。

强化对学生数据的保护。在运用大数据技术开展教育教学的过程中，学校、企业和教育者需要严格遵守相关法律法规，确保学生数据的隐私和安全。

在大数据时代，构建“以数助人”的平台机制是思想政治教育创新的关键。通过树立大数据思维、推进数字化教材编辑、提升教育者的数据素养、加强校企合作、创设多元化的教学模式以及强化对学生数据的保护等措施，我们有望实现更加高效、精准的教育教学，助力我国立德树人的根本任务得以切实落实。

（三）以数明理：构建“动态-智能”教学模式

将大数据技术应用于高校思政课教学之中，需要树立正确的观念，同时关注思想政治话语体系的构建，为数据信息的挖掘、鉴别和使用提供坚实基础。在此背景下，我们有必要从以下几个方面来深入探讨大数据在高校思政课教学中的应用。

首先，树立科学的数据观。要充分了解大数据技术的特点和优势，加强数字技能培育，不断提升大数据时代思想政治教育决策的精度和信度。在实现高校数据治理的过程中，我们既要认识到大数据结合高校思想政治教育的必然性，也要关注数据形成、挖掘、分析等过程中可能出现的质量、积累和真实性问题。因此，要有规划、有鉴别、有选择、有重点地利用大数据的科学性、系统性、全面性来开展工作，避免盲目迷信数据信息。

其次，推进思政话语体系数据化表达。要坚持"让数据说话"的教育方针，通过数据图、数据汇总、数据信息等形式，将丰富的思政课内容生动地展示给学生，帮助学生更好地理解和领会教学内容。此举将有助于实现施教者与受教者的双向话语互联互通，促进双方对数据化认同的建立。

再次，加强教育平台统筹规划建设。借助大数据技术进行数据画像，统一平台标准，利用区块链技术解决"数据孤岛"问题。通过数据收集、数据清洗等环节，确保校园内数据的真实性，科学预判校园状况、学生实际情况、教育教学效果等，为思政课教学的顺利开展提供有力保障。

此外，还要注重培养学生的数据素养。让学生了解大数据的价值和应用，学会运用大数据分析方法解决实际问题，提高学生的数据挖掘和分析能力。这将有助于学生在大数据时代更好地适应社会需求，成为具备较高思想政治素质的人才。

总之，将大数据技术应用于高校思政课教学，需要我们从观念、话语体系、教育平台、学生素养等多个方面进行系统性、全面性地探索和实践。只有这样，我们才能充分发挥大数据技术的优势，推动高校思政课教学质量的提升，为培养新时代人才贡献力量。

第三节 基于项目的学习（PBL）在高校思想政治理论课教学中的应用

在当今社会，高校思想政治理论课是对大学生进行马克思主义理论教育和思想政治教育的主渠道和主阵地，是坚持社会主义办学方向的重要保证。然而，传统的思想政治理论课教学模式在一定程度上存在着理论与实践脱节、学生兴趣不高、教学效果不明显等问题。为了提高思想政治理论课的教学质量，将基于项目的学习（PBL）引入高校思想政治理论课教学成为了一种有益的尝试。

一、项目式学习的定义

项目式学习起源于国外，根据“Project-Based Learning”翻译而来，一直以来，学者们对于项目式学习的定义仁者见仁，智者见智。美国巴克教育研究所认为项目式学习是“一套系统的教学方法，它是对复杂、真实问题的探究过程，也是精心设计项目作品、规划和实施项目任务的过程，在这个过程中，学生能够掌握所需的知识和技能”[①]。

国内学者夏雪梅将项目式学习界定为“学生对与学科或跨学科有关的驱动性问题进行深入持续的探究，调动所有知识、能力、品质等创造性地解决新问题、形成公开成果，对核心知识和学习历程产生深刻理解，并能够在新情境中进行迁移”。[②]学者杨明全认为“项目式学习是建构性的教与学方式，教师将学生的学习任务项目化，指导学生基于真实情境提出问题，并利用相关知识与信息资料开展研究、设计和实践操作，最终解决问题并展示和分享

---

① 巴克教育研究所. 项目学习教师指南——21世纪的中学教学法[M]. 北京：教育科学出版社，2008.

② 夏雪梅. 项目化学习设计：学习素养视角下的国际与本土实验[M]. 北京：科学教育出版社，2018.

项目成果”。[①]学者胡红杏将项目式学习界定为“基于课程标准，以小组合作方式对真实问题进行探究，从而获得学科知识的核心概念和原理，发展创新意识和一定学科能力的教学活动”。[②]学者郭华把项目式学习界定为“在系统的学科知识学习的基础上，学生综合运用多学科学习成就进行自主学习的一种综合性、活动性的教育实践形态”。[③]在以上学者中，项目式学习分别被界定为教学方法、教学活动与教育实践形态。但是，教育实践形态是项目式学习更为合适的界定。项目式学习不仅是一种课程形态，也是一种教学形态，以课程形态来看，是以学科课程为基础的跨学科的一种活动课程；以教学形态来看，是以完成项目为目标的学生活动。也就是说，有这样的课程形态一定有这样的教学形态，教育实践形态包括教学方法与教学活动，所以说项目式学习是一种教育实践形态。

结合以上学者对项目式学习的界定，将其定义为“在教师的指导下，学生在掌握一定学科知识的基础上，通过合作的形式对驱动性问题进行一系列的主动探究，在做中获得知识与能力的教育实践形态。”

二、项目学习在高校思想政治理论课教学中的应用

（一）精心考量项目主题

“好的开始是成功的一半。”主题的制定关系着项目式学习的成败，决定着项目式学习能否取得成效。由此可见，项目主题的制定是至关重要的一步，项目主题的制定要考虑多个问题，例如：以目前学生的能力能解决什么样的问题、哪些教材内容采用项目式学习来进行是最为合适的、项目是否能与现实生活相连接、是否具有操作项目的条件。教师只有解决以上问题，才

---

① 杨明全.核心素养时代的项目式学习：内涵重塑与价值重建[J].课程.教材.教法，2021，41（02）：57-63.

② 胡红杏.项目式学习：培养学生核心素养的课堂教学活动[J].兰州大学学报（社会科学版），2017，45（06）：165-172.

③ 郭华.项目学习的教育学意义[J].教育科学研究，2018，（01）：25-31.

能最大化发挥项目式学习的优势。因此，应把握以下两点：

第一，项目主题贴近教材。项目式学习作为教学形态在思政课应用，不能脱离最基本的学科知识，有些课题并不适合应用项目式学习来传授，教学内容也有重难点之分，这就需要教师认真钻研、深入分析教材，寻找出最合适的课题，制定项目主题，认真梳理核心知识，有侧重点地解决问题，提炼出核心知识，整合零碎的知识点，并要思考能否使学生完成对道德与法治学科知识的自主建构，以及凸显项目式学习的特色。

第二，项目主题的针对性。项目式学习力求真实，因此项目式学习的问题要在生活中产生，学生在日常生活中遇到的问题以及实事都可以是项目的开端，这就需要教师制定的主题要一针见血地点出现实生活中的问题，广泛搜集时事热点，并引导学生从小事中得到启发。

（二）合理制订项目计划

在设计项目时要考虑以下要点：

第一，激发学生兴趣。在项目式学习中，学生是真正的主人。所以要重视学生的作用，项目式学习实施的目的也是让学生更好地学习《道德与法治》学科内容，培养学生的学科素养。因此，教师要对学生充分了解，注重学生的兴趣，要把项目从“要我做”转变成“我要做”的项目，激发学生对于项目的热情。

第二，具有一定挑战。设计的项目要具有一定难度，太简单的项目对于学生而言没有挑战性，学生在这之中也很难学到知识，太难的项目也会打消学生的积极性，降低学生学习的热情，要把项目设置在学生踮起脚就能碰到的高度，控制在最近发展区之内，更有利于学生学习知识和发展综合能力。

第三，联系现实生活。项目内容要与现实生活产生联系。在选取现实事例时要贴近学生的生活，增强学生的参与感；学生依据知识解决实际问题，引导学生把学习与做人、做事相结合，这也对学生未来职业的选择、发展有利。另外，应尽可能地结合时政热点，学生在完成项目的过程中能了解当下的社会热点，增长见识，也能体现思想政治课与时俱进，紧跟时代潮流的特点。

（三）小组分工实施项目

在实施项目式学习的过程中，以学生为主体，每一名学生都应该参与其中，做项目的主人。为此，通过小组探究的形式实现目标。当然，项目式学习不仅利用学校资源，还需要多方人士的帮助，学校可以与家庭以及社会相连接，进行家校合作，把项目式学习的功效发挥最大，助力项目的实施。

第一，小组探究，权责明确。小组内成员各司其职，各有所长，小组成员之间相互探讨、交流，就可以达到相互学习的效果，更有利于对学生集体荣誉感的培养，在相互交流之中，完成对知识的自主建构。通过在小组中的分工与小组间的竞争，学生能发现自身不足，及时调整策略，为以后的学习铺好路，务必保障每位学生都要有任务。例如：查阅资料、实地调查、分析数据、汇报成果，都要由不同的小组成员负责，成员的任务明确，学生各司其职，就会避免形式上参加，而实际上“摸鱼”的情况。

例如，在“亲情长卷”项目中把学生分为不同的小组，在小组中，有比较擅长绘画的同学，那么这位同学就可以负责绘画的部分，有的同学搜集资料能力较强，就来负责“搜集春运图片”，有的同学归纳能力较强，就来总结大家的想法，每位同学都要明确自己在小组中的责任。

第二，家校合作，助力项目。完成分组任务，学生在教师的引导下开展调查、走访等活动，进行期间，不仅涉及学校内的资源，还包括家庭、社会的资源，所以，教师要利用专业知识与教学经验进行教育教学组织，整合学校、家庭、社会的各类教学资源，实现家校合作，共同保障项目式学习的有效开展。

在项目式学习中，家长可以利用手机、电脑等工具，帮助学生获取知识来源，与学生一起开展探究过程，协助学生搜索资料，并为教师提供反馈，教师根据家长的反馈能够更深入地了解学生，掌握学生的表现，帮助学生更好地学习。学校也为学生提供更多的资源，更大的平台，通过家长与学校的共同努力，学生得到来自多方面的帮助，获得高阶素养与技能。“亲情长卷”项目与亲情相关，因此与家庭存在密切关联，在“调查家人的生日、身高、体重、爱好”这样的小调查上就需要家长积极配合，为学生提供学习资源。

（四）展示成果综合评价

项目式学习的评价可以分为三个步骤：成果展示、综合评价、反思迁移。通过这三个步骤，完成对项目的精准总结。

（1）展示成果：公开展示作品是项目式学习成果的最明显评价依据，是评价必不可少的一部分。项目成果的展示活动形式是多元的，大多是以展览的方式进行，例如绘制海报、调研报告、PPT等。在展示成果的过程中，学生又梳理了一遍思路，使学生对所学知识更为熟悉，学生们在展示中交流，使其学习更有动力，也能找出其中的缺点，帮助学生进行反思。不仅呈现最终作品，还要呈现团队在完成项目过程中所发现的问题、缺陷、收获等。

（2）综合评价：评价是学习过程中的重要环节，通过评价可以明确自身的不足，所以不管使用何种教学方法，都要重视教学评价。统整理论与实践是项目式学习特点，行动过程是真实、动态的，因此评价既要关注结果，又要掌握过程。所以在项目式学习中，教师要明确评什么、如何评、谁来评这三个问题，实现对项目的精准总结。

第一，评什么：一方面，根据过程、作品中所蕴含的核心素养、知识与技能、社会实践多方面进行评价，考核学生是否达到学习目标与课程标准的要求，能够反映学生对知识理解应用的准确性，包括思政知识的积累、理论结合实际能力的提升、情感的升华、社会责任感的增强，以及考查学生在学习过程中的综合表现，对学生在探究中的表现进行评价，能帮助学生发现弱点，鼓励他们增长知识与发展能力。

第二，如何评：要坚持传统的纸笔评价与新型的表现性评价、真实性评价、创新性评价相结合的评价方式。在项目中的不同阶段，分别采用多种评价方式，包括传统的评价方式，例如：项目结束后采用纸笔评价、学生展示作品时进行口头提问等，检验知识的获取；在任务实践中可采用观察、口头评价、量规等。同时在项目式学习的评价中要体现出真实性的特征。首先，在评价中要反映未来真实社会和工作中所需的真实能力。其次，保证评价任务的真实性，符合专业领域的要求。最后，评价要能如实完成检测，帮助学生成长。教师要注意评价与项目过程并不是割裂的，而是随着项目的进程而展开，二者不可分割，评价是学习的一部分，不是单独评价最终成果。在提出问题时，要形成成果评价方向，在项目进行的过程中，形成好成果的标准，在形成最终成果时，对项目成果评价。

第三，谁来评：项目式学习中，不单单是教师评价，学生、家长乃至社会人士，可以组成多方评价团体，多方评价的目的就是让学生学会对自己的学习负责。但是，项目式学习评价中的师生角色与传统教学中的师生角色有很大不同。

一方面，把学生当作学习评价的主人。从最初就要让学生参与，不仅要让学生参与自评和互评，还要让学生掌握评价语言，用收获的知识评价自己和他人的成果，对好的范例或范式进行讨论，形成关于优秀作品或表现是怎样的评价标准，将这些评价标准作为学习的“脚手架”，重视学生在评价中的交流反思，对成果发表意见，从而改进学习。

另一方面，教师在项目式学习评价中要与学生分享项目式学习的总体目标和阶段性目标，为学生提供各类作业或作品的范例或示范，支持学生参与评价过程并设置关键的评价节点，给学生示范如何对他人的作品进行有效反馈，引入真实世界中的专家等形成评价共同体。

（3）反思迁移：项目评价完成后，并不代表项目的完成，还要对项目进行反思。在反思过程中，学生重新审视所学知识与技能，对有关知识进行整合，分析自身的表现，能够及时明确不足，改进学习策略。在反思中总结经验，吸取教训，为后续的项目式学习提供经验。同时，教师也能发现自身不足，及时对项目的过程设置进行调整。

项目式学习是在生活中产生的，最终是要帮助学生利用学科知识去解决现实问题，实现道德的自主建构，建立学生的情感认同。在项目结束后，应学会举一反三，把知识应用到实践中去。教师要及时总结学生在项目过程中产生的问题，并引导学生进行反思，总结自身不足，提升自身能力。

第四节　翻转课堂在高校思想政治理论课教学中的应用

翻转课堂在高校思想政治理论课教学中的应用已经逐渐展现出其独特的优势。这种教学模式不仅有助于提高学生的主动参与度，还能有效地激发他们的学习兴趣和思辨能力。

一、翻转课堂的概念

翻转课堂在英文中是“Flipped Classroom”或“Inverted Classroom”，翻译成中文是“反转课堂”或“颠倒课堂”，这种新型的教学模式是随着互联网及信息技术的发展而产生的。翻转课堂不同于传统课堂，通过学生课前在家观看微视频和相关资源，完成课前自主学习任务，从而学习单元课时的知识点，课堂是师生之间合作交流、答疑解惑的平台，提高学生知识内化效果，提升知识灵活运用的能力，极大地提升了教学效果！

翻转课堂可以追溯到21世纪的美国。Lage（2000）是一名美国研究者，他在“Inverting the Classroom：A Gateway to Creating an Inclusive Learning Environment”一文中详细地介绍了他们在给学生教学时所采用的“翻转教学”方法，虽并没有明确提出“翻转课堂”一词及其概念，但这也算是首次较为系统地论述何为“翻转课堂”及其教学流程。①

Bergmann（2012）就读于美国科罗拉多州落基山的林地公园高中，他在《翻转课堂与慕课教学：一场正在到来的教育变革》一书中详尽地阐释了他们通过十多年实践论证的一种全新的翻转式课堂教学模式的科学性和实用

① Maureen J.Lager，Glenn J.Platt，Michael Tre glia.Inverting the Classroom：A Gateway to Creating an Inclusive Learning Environment[J].The Journal of Economic Education，2000，31（01）.

性。基于实验的成功，翻转课堂才正式命名。[1]该书指出，翻转课堂教学模式改变了传统的以教师单向传授知识为教学主导的教学模式，翻转课堂教学以学生为授课中心，授课进程和授课内容以学生吸收接纳程度为依据，更为贴近教学实际，更好地培养了学生的学习思考能力和创新能力。这是教育的流行趋势，在这种课堂中，面对面教学和个性化学习通过现代技术完美结合。

20世纪90年代初，哈佛大学教授Mazur（1991）曾在校内推广一种循证、互动式教学方法。[2]正如维基百科指出的那样，这是一种以学生为中心的方法，涉及通过将信息转移出去并将信息同化或学习应用转移到课堂上来的翻转传统课堂。翻转课堂是一种基于同伴教学的新表现形式，随着信息技术和教学理念的发展，必然具有创新性。翻转课堂颠覆了传统课堂的教学结构，试图将被动学习转变为主动学习，是主动学习与信息技术的结合。在这种方法中，宝贵的课堂时间转移到学生身上，专注于深入探索，并根据他们的个人需求寻求学习帮助。

国内学者也对“翻转课堂”的概念进行了长期研究。

张金磊（2013）在《“翻转课堂”教学模式的关键因素探析》中通过对翻转课堂内涵的解读，明确教师角色的定位，并围绕微课视频、课堂活动的设计等关键因素进行探析。[3]

北京师范大学何克抗（2014）在《从“翻转课堂”的本质看“翻转课堂”在我国的未来发展》中较深入地论述了“翻转课堂”的真正内涵与本质，并为翻转课堂在我国的未来发展（“翻转课堂”的中国化）指出了明确的、可实施的努力方向。[4]

本书综合了国内外学者对翻转课堂概念的界定，对翻转课堂作出如下定

① Jonathan Bergmann.Aaron Sams.Flip Your Classroom[J].International Society for Technology in Education，2012：21–55.

② Eric Mazur.Can We Teach Computers to teacher?[J].Computers in Physics，1991，5（01）.

③ 张金磊.“翻转课堂”教学模式的关键因素探析[J].中国远程教育，2013（10）：012.

④ 何克抗.从“翻转课堂”的本质看“翻转课堂”在我国的未来发展[J].电化教育研究，2014（07）：001.

义：翻转课堂是利用现代教育技术录制微课教学视频，并将微课和其他配套学习资源提供给学生，让学生在课前通过自主学习，完成新知识传授环节，而将巩固练习的知识内化环节放到课堂上，并通过答疑解惑、合作探究等方式来实现真正的知识内化的教学模式。翻转课堂颠倒了传统课堂的教学顺序，将先教后学变为先学后教，遵循了学习的自然规律，翻转课堂注重学生自主学习能力和合作学习能力的培养，使学生真正成为学习的主体。

从翻转类的定义和发展中，我们可以发现翻转课堂的三个明显特征。

一是翻转课堂的教学模式依赖于微视频。微视频意味着所有的教学视频都是简短而全面的。十分钟长的视频符合视觉驻留的规律，让学生专心学习，摆脱传统课堂的弊端。还有一点需要我们注意的是，视频中看不到数字，让学生专注于板书或PPT上的内容。音频和视频的同步有利于学习者在学习过程中融入更多的注意力。

二是教学结构重构。传统的教学模式是指派学生在校外阅读教科书和解决问题，同时在课堂上听课和参加考试。翻转课堂在免费上课时间进行自主动手操作，学生通过实践和提问来学习，学生也可以互相帮助，这个过程对高级和低级学习者都有利。同化和内化是在课堂上通过小组工作、同伴互动和一对一辅导完成的。

三是教师角色的转换。翻转课堂把老师从中心位置变成了探索知识的向导。翻转课堂以学生为中心，教师关注学生的问题和学习进度，而不是解释他的讲座和设计活动。在辅导、探索和做实验的过程中，教师是学生的伙伴。老师们不再在舞台上，而是在学生中走动，走近学生，了解他们的学习情况，并在学生需要时提供帮助。

二、翻转课堂在高校思想政治理论课教学中的应用

在当今信息爆炸的时代，传统的教学模式已经难以满足学生多样化的学习需求。为此，“翻转课堂”教学模式应运而生，它通过优化教学元素的排列结构，实现教学流程的科学化重组，从而彻底打破传统的“教—学—考”教学流程。它不仅提高了学生的学习效率和自主学习能力，还促进了师生之间的互动交流。

（一）学生课前借助慕课等方式的自主式学习

将慕课引入教学环节、让学生课前借助慕课自主学习是目前高校思想政治理论课"翻转课堂"教学模式的重要特色。以清华大学的思想政治理论课慕课平台为例，它为学生提供了"课程学习""课堂讨论""课外阅读"和"课后作业"四个核心学习专区，形成了一个全面、系统的自主学习环境。

在"课程学习"专区，教师们以10分钟左右的短视频形式，系统地梳理和讲解教材中的知识点。这种短小精悍的视频形式，既符合现代人快节奏的生活习惯，也满足了学生利用碎片化时间进行学习的需求。更值得一提的是，这些视频不是简单的教学录像，而是融合了影视技术和艺术元素，通过精心插入影像、动画等视觉资料，使教学内容更加生动、形象，大大丰富了学生的学习体验。

"课堂讨论"专区则为学生提供了一个与教师和同学进行互动交流的平台。在观看教学视频后，学生可以在课堂上就疑难问题或学习需求发表自己的观点，与教师或其他同学进行深入的探讨。这种讨论不仅有助于加深学生对前期学习内容的理解，还能培养学生的批判性思维和沟通能力。

"课外阅读"专区则是教师为学生精选的马克思主义经典原著学习区域。通过阅读这些原著，学生可以更加深入地理解马克思主义的理论精髓，从而培养对理论研究的兴趣和热情。

"课后作业"专区则是对学生学习成果的检验。作业题目紧密围绕视频内容设计，旨在帮助学生巩固所学知识，同时也为教师提供了评估学生学习效果的重要依据。

慕课在思想政治理论课翻转课堂教学模式中的应用，不仅提高了学生的学习效率和兴趣，也促进了师生之间的交流和互动。

（二）学生与教师在课堂充分讨论式学习

在"翻转课堂"这一新颖而富有活力的教学模式中，课堂讨论无疑是一个至关重要的环节。它不仅是知识传递与接收的桥梁，更是培养学生独立思考、创新思维和问题解决能力的关键所在。课堂讨论的核心，是一种强烈的

“问题意识”，它推动着学生围绕教学内容提出问题，探讨问题，从而在思维的碰撞中升华思想，提升理论认识，进而指导实践。这种“问题意识”并非主观自生的观念意识，而是对客观世界普遍矛盾的深刻反映。每一个问题的提出，都蕴含了某种价值倾向性，它不仅仅是对事实的简单陈述，更是研究者价值关怀和理想憧憬的体现。因此，在“翻转课堂”的课堂讨论中，问题的设计显得尤为重要。这些问题必须紧扣时代发展的脉搏，围绕理论的中心内容展开，才能引导学生深入思考，激发他们的创新思维。

为了实现这一目标，我们可以采取“教师讲+学生分组讲+课堂讨论+教师点评与补讲”的形式。首先，教师可以通过精心设计的引言，引导学生进入讨论的主题，激发他们的好奇心和探索欲望。接着，学生分组进行主题讲解，这既锻炼了学生的口头表达能力，也培养了他们的团队协作精神。然后，通过课堂讨论，学生们可以就自己的理解和疑问进行充分的交流，形成观点的碰撞和思想的激荡。最后，教师对学生的讨论进行点评和补充讲解，帮助学生深化理解，完善知识体系。在这样的教学模式下，学生不再是知识的被动接受者，而是成为了问题的发现者、思考者和解决者。他们在讨论中学会独立思考，学会质疑，学会探索，从而实现了从知识学习到能力培养的全面提升。同时，这种教学模式也激发了教师的教学热情和创新精神，促进了教学相长，推动了教育教学的不断进步。

（三）学生与教师在课后及时反馈式学习

每当实体课堂的学习告一段落，学习的旅程并未就此止步。学生们纷纷回到他们熟悉的微信群、QQ群等学习交流平台，这里是他们分享知识、交流思想、探讨问题的乐园。各小组组长肩负着责任，将组内成员的疑难问题和学习情况精心整理，及时反馈到群里，供全体同学参考和学习。这些反馈如同一面镜子，映射出学生们在学习过程中的疑惑与困惑，也反映出他们的努力与成长。教师通过这些宝贵的信息，可以更加准确地把握学生的学习状况，从而进行有针对性的疑难解答。他们或是耐心细致地解答每一个问题，或是引导学生们开展深入的讨论，激发他们的思维火花，培养他们的批判性思维和合作能力。同时，教师还会根据学习中所反馈的情况，对接下来的课堂教学活动做相应的调整和改进。这种灵活的教学方式不仅满足了学生个性化的学习需求，也确保了教学内容与学生的学习进度和兴趣点紧密相连。在这样的教学模式下，学生不再是被动的知识接受者，而是成为了学习的主人，他们积极参与到学习中，不断探索、发现、创新。

经过上述过程的深入剖析，我们不难发现，“翻转课堂”的实践逻辑，其核心在于对原有教学元素排列结构的创新性改革与重组。这种独特的组织方式在思想政治理论课教学中应用，不仅极大地丰富了学生的学习途径，使他们能够更全面地获取知识，同时也充分考虑了不同学生在认知能力等方面存在的个体差异。这种新型教学方式突破了传统的时间和空间限制，为学生提供了更多展示自我、锻炼能力和提升品格的机会。与此同时，这种教学模式也对教师提出了更高的要求。教师需要具备深厚的学科知识积累，同时还需要不断提升课堂掌控、错误纠正以及组织协调等能力。此外，这一教学改革还构建了多渠道、全程性的师生交流机制，并实施了多环节、全方位的考评与反馈机制等，这些都是传统教学模式所无法比拟的。

第四章　数字化革命与高校思想政治理论课实践教学

在现代互联网技术飞速发展的时代背景下，数字化技术逐渐成为教育领域的一大创新力量。将数字化技术有机地融入高校思想政治理论课实践教学过程中，不仅能够创新教学方式，提高教学质量，还能更好地实现立德树人和铸魂育人的教育目标。我们应充分认识数字化技术在思想政治理论课实践教学中的重要意义，加大投入力度，推动教育信息化与教育教学的深度融合，为培养一代又一代具有坚定理想信念的青年人才奠定坚实基础。本章就具体分析数字化革命与高校思想政治理论课实践教学。

第一节　高校思想政治理论课实践教学的现状

随着我国教育改革的深入推进，高校思想政治理论课实践教学在培养学生的综合素质和社会责任感方面发挥着日益重要的作用。然而，在现实教学中，实践教学仍然面临着一些问题和挑战。下面将对高校思想政治理论课实践教学的现状进行探讨，以期为改进实践教学提供参考。

一、高校思想政治理论课实践教学中存在的问题

高校思想政治理论课实践教学是提高学生思想政治素质、培养社会责任感和创新精神的重要环节。然而，在现实中，我们发现这一教学环节存在着一些问题，这些问题影响了实践教学的效果和质量。

（一）没有给予实践教学充分重视

近年来，各大高校已经注意到了思想政治理论课的重要性，也逐渐在课程安排中加入了实践内容，但是在实施过程中实践教学还是没有得到足够的重视，导致思想政治理论课始终处在“口头重视、实际忽视”的尴尬状态。

1.学校管理部门缺乏顶层设计

要想在高校中顺利地进行，必须有足够的人力、物力和财力来支撑，这就需要高校管理机构做好顶层设计，制定出一个整体的规划，在各个方面给予全面的支持。在许多学校中，在实践教学的实施中，大部分都是以思想政治理论课教学部门的课程组织为主导的，因为课程组在调度人、财、物的能力方面存在不足，这就造成了实践教学的困难。

2.思想政治教育工作者重理论、轻实践

思想政治理论课专任老师和学工队伍在思想政治理论课认识上存在“重理论、轻实践”的倾向。思想政治理论课专任老师注重课堂教学和课堂管理，对于课堂之外的实践教学开展缺乏重视，疏于对学生课外实践活动的指导与管理。学工队伍也缺乏对实践教学的参与和配合意识。

3.大学生对实践教学不够重视

一些学生对思想政治理论课存在抵触情绪，在参与思想政治理论课实践活动过程中缺乏主动积极的意愿，完成实践任务态度敷衍，未能达到通过实践坚定信念、提升素质的目的。这种不重视的态度充分体现在其提交的实践成果中，如调查报告和心得体会写得潦草马虎，格式混乱，错别字不时出

现，还有抄袭现象等。

（二）实践教学的内容与形式过于单调

内容丰富、形式多样是思想政治理论课的一个主要特点，唯有如此，才能引起高校学生的关注，使他们能够积极地参加到实践中来。在实践中，能指导学生在实际工作中加深对理论的认识，从而坚定他们的道路、理论和制度自信；通过坚定文化自信，我们可以进一步增强自己对中国梦的信心，为我们的民族事业注入新的活力。然而，目前我国高校思想政治理论课的实践性较差，形式单一，内容单一。尽管许多大学对思想政治理论课的具体实施方式进行了积极的探讨，并对指导学生参与社会调查、社会实践、参观访问等形式进行了深入的研究。但是在现实生活中，因为受到资金和人力的制约，只有少数学生可以在老师的指导下前往实践基地，进行集中的社会实践研究。大部分同学根据老师所设的课题进行了分散式的研究。由于没有老师的引导和各个环节的合作，使得开展分散研究的同学在研究中遇到了很多困难，而且大部分都只是一种简单的研究，没有进行深度的研究，所以写出来的这份报告并不尽如人意。在参观访问上，参观访问的范围相对较窄，所指定的景点通常是红色革命景区和历史遗址，每年都要带领学生前往旅游，很难引起他们的兴趣。此外，在参观访问的过程中，经常不向学生讲解有关的背景知识，也没有针对参观的内容设计出对应的问题，这使得参观变成了一种流于形式的实践性教学，导致参观内容单薄，缺乏教学的深度和广度。

二、高校思想政治理论课实践教学中存在问题的原因

高校思想政治理论课实践教学中存在问题的原因有很多，如对实践教学的认识不到位、对实践教学缺乏整体设计等。为了解决这些问题，高校应该加强实践教学的投入和管理，提高教师队伍的素质和能力，完善实践教学环节的设计和实施，并不断创新实践教学的方式和方法，以适应学生思想观念的变化和社会的需求。

（一）对实践教学的认识不到位

1.学校领导对实践教学的认识不足

一些学校领导对实践教学的认识不到位，导致实践教学形式化严重。他们只注重学生的理论成绩，忽略了实践教学的重要性。同时，部分高校领导只把实践教学作为理论教学形式，没有将其作为思想政治理论课的关键部分。这种情况下，实践教学很难真正发挥作用。另外，投入到实践教学活动的专项经费和教师数量也不够，使思想政治理论课实践教学停留在“只有其名”阶段。因此，学校需要加强对实践教学的重视和投入，增加专项经费和教师数量，让实践教学真正成为思想政治理论课的关键部分。

2.思想政治理论课教师对实践教学的认识不足

第一，实践教学形式化严重。在实践教学中，一些教师只注重形式，忽略了实践教学的本质和实际效果。他们认为只要让学生参与一些实践活动就行了，却忽略了实践教学应该达到的目标和效果。这种情况下，实践教学的效果不仅不好，而且会降低学生的学习兴趣和积极性。

第二，教师指导实践教学缺少动力。一些教师认为实践教学是很累人的事情，不愿意投入精力去指导实践教学。这样一来，实践教学的效果就会大打折扣。

第三，教师对思想政治理论课的认识存在偏差。一些教师认为思想政治理论课不适合实践教学，认为这些课程只适合讲授理论。这种认识是错误的，因为实践教学可以增强学生的理论学习效果，帮助学生更好地理解和掌握理论知识。

第四，教师在指导思想政治理论课时态度不积极。一些教师在指导思想政治理论课时态度不积极，往往只是在课堂上简单介绍实践活动的内容，而不愿意深入指导学生实践活动的过程和方法。这样就很难达到实践教学的效果。

第五，一些教师将类似课堂分组讨论等形式作为主流形式，限制了实践教学的开展形式。实践教学应该灵活多样，不应该局限于某一种形式。一些教师过于追求课堂分组讨论等形式，却忽略了其他实践教学形式的重要性。

3.当代大学生自身对实践教学的认识不足

在进行思想政治理论课的实践教学时，要让学生能够独立、主动地参与其中，才能让教育教学顺利地进行，并取得理想的结果。当前，大部分大学生在思想政治理论课中缺乏主动性和积极性。究其原因，这是由于高校学生学习思想政治理论课的动机和需求不强，导致学生对思想政治理论课的认识出现理解偏差。受中国应试教育的制约，大学生一般都把提升自己的学业成绩和专业技能作为唯一的目的，这就导致他们对实际工作中的思想政治理论课的了解水平较低，学习的热情也较低。

4.家长和社会对实践教学认识不足

思想政治理论课是目前高校教学改革的一个热门话题。实践教学需要引导学生走出课堂，这也是实践教学的最大特点，然而，很多家长却认为学校不应该将大把的精力放在实践活动上。再加上思想政治理论课实践教学需要一些单位和企业的支持与配合，但由于社会上许多单位和企业对思想政治理论课的认识不够，不愿意配合学校开展实践活动，这给实践教学的推进带来了一定的困难。

（二）对实践教学缺乏整体设计

在思想政治理论课教学中，实践教学是一个不可或缺的环节，其中包含了很大一部分的课外活动，所以其组织过程要比传统的理论教育更加复杂，而不是一种临时的决策活动。它不是一种个人参与的短期活动，而是一个集体的，它是一个长久的实践过程。所以，必须制订出一套详尽、标准化的教学计划，以避免实施中出现的盲目性。当前，我国许多高校在进行课程实施时，往往比较肤浅，缺乏具体的课程实施方案，从而影响了课程实施的效果。部分专业课程设置不够细致、标准。目前，我国很多大学都没有把思想政治理论课作为一门必修课来进行，且多数都是以“短训式”为主。但在实际操作过程中，仍有许多令人费解的问题，缺乏对现实生活的引导，使对某些社会现象的深入剖析变得困难。在教学中，要针对学生的思想与需求进行针对性教学。在每一次实习中，必须确定实践内容，选取适当的实践教学方式，并做好实践教学各个环节的工作，保证每次实践教学都可以规范有序地进行，防止在实际操作中出现问题。

第二节　数字化时代高校思想政治理论课实践教学中面临的挑战

在数字化时代，现代信息技术的融入为高校思想政治理论课实践教学带来了新的机遇。教师可以充分利用多媒体、网络平台、虚拟现实等技术手段，丰富教学内容，提高教学吸引力。通过线上线下的混合式教学，实现教学资源的优化整合，使学生在多元化的学习环境中提高思想政治素养。在数字化时代，高校思想政治理论课实践教学面临着诸多挑战，下面将以高校思想政治理论课实践教学虚拟教学为例展开深入分析。

一、高校思想政治理论课实践教学虚拟教学

高校思想政治理论课实践教学虚拟教学，是思想政治理论课实践教学从现实世界转为新兴的虚拟世界的过程。在当前科学技术水平不断提高、互联网技术不断发展的影响下，将思想政治理论课实践教学从现实领域发展到虚拟领域是必要的也是可行的。虚拟教学能克服现实实践教学的多种困难、弥补多种不足。借用信息技术搭建的虚拟情景来扩大学生们在实践课程中的时空场域，对于学生理解、领会、掌握课程知识具有积极意义。

虚拟教学是利用虚拟技术形成的一种体验式的教学方式，学习者通过计算机中的人机交互界面进入虚拟场域进行学习，通过调节虚拟实验中的参数变量，学习、观察、总结虚拟场域中的知识，获取相应的技能。[①]可以将学生带入虚拟空间和环境中，进而获取目标知识，达到教学目的。

在高校思想政治理论课实践教学虚拟教学领域，虚拟教学主要概念是通

① 黄林冲，戚小童.新时代高校人才培养模式对学生的全面培养探讨——基于虚拟实验教学项目的载体作用[J].实验技术与管理，2020，37（06）：1-4.

过将新兴信息技术——虚拟技术融入高校思想政治理论课实践教学的一种新型育人方式，是在思想政治理论课实践教学中借用已创建虚拟世界的计算机系统，开展具有思想政治理论课教育内容和意义的实训活动，是根据思想政治理论课实践教学方案，组织学生利用互联网技术在网络虚拟空间开展的各种实践教学活动[①]。在理论教学的基础上，思想政治理论课教师在实践教学中，根据实践教学的教学目标和教学内容，通过信息技术等网络技术，借助虚拟教学平台，通过使用现实的硬件设施来创设虚拟情景，通过各种各样的教学内容和形式，组织和引导大学生学习相关实践知识，主动了解实际生活和感悟课程中的深刻情感，进行社会体验活动。[②]虚拟教学打破了传统高校思想政治理论课实践教学的限制，是传统思想政治理论课实践教学与现代信息技术相融合的一种新型教学模式。通过综合运用多媒体、人工智能、VR、AR、大数据、三维建模、虚拟现实等技术手段，搭建了虚拟教学实践平台，增添了教学过程中的趣味性、创新性以及综合性，同时也为学生进行相关学习提供了一个良好的平台，创造了优越的条件。

二、高校思想政治理论课实践教学虚拟教学的可行性分析

目前信息技术的快速发展和科学技术水平的不断进步，促使思想政治理论课实践教学的教育教学方式不断改革与创新。在现实背景下，高校思想政治理论课实践教学采用虚拟教学的方式必然具有可行性，所以下面主要从技术维度和学生维度两个方面来分析其开展实施的可行性。

---

① 韩艳.浅议高校思想政治理论课虚拟实践教学[J].新乡学院学报，2016，33（01）：68-70.

② 杨湘红.虚拟实践在思想政治理论课实践教学中的积极意义探析[J].广西青年干部学院学报，2015，25（06）：68-70.

（一）技术维度：科学技术支撑与教学方式改革创新

科学技术的进步和网络信息时代的不断发展影响着人们生活的方方面面，在教育领域科学技术的进步和发展使教育教学方式不断创新。在目前的高等教育教学中，网络信息技术已经被广泛应用，如课堂用PPT进行教学和用课程相关视频辅助教学开展，或是用慕课视频等形式开展教学。这些都是随着网络信息技术的发展而产生的教学方式。目前，各高校的数字化校园建设为虚拟教学的开展打下了基础，学生目前已经可以进行一些网络实践活动，如开展网络调查，聚焦社会热点问题；通过慕课视频进行课程学习等。新技术的出现如VR、AR等技术，为思想政治理论课实践教学方法的进一步革新提供了技术支撑。

虚拟教学依托Java、VR、AR、VEML、Cult3D等技术，能够进一步推动思想政治理论课实践教学方式的改革与创新。在VR的世界中，学生能够在搭建的符合教学内容的场景中进行学习，身临其境地在虚拟场域中感受教学内容，充分调动感官以达成课程效果。虚拟技术具有交互性、沉浸性、虚拟性的特征，学生能通过视觉、听觉、触觉等多种感官感受教学内容，调动学生的学习兴趣，打造虚拟的、立体的教学场域，实现教学方式的立体化。在人文社科领域外的理工科和医学领域等其他领域已有许多丰富的虚拟教学成果可供参考和借鉴，其他领域的成功也证明了在实践教学活动中开展虚拟教学是可行的。在思想政治教育领域可以像其他学科一样通过出现的新兴技术来开展虚拟实践教学，不断地进行实践教学方式的改革创新。从技术维度看，思想政治理论课实践教学可以通过VEML等技术来搭建虚拟场景。通过VR等技术让学生沉浸式体验场景，从而改进教学方式，达成教学目标。

（二）学生维度：遵循个体身心发展特点和兴趣偏好

当代高校大学生基本为“00”后，他们是网络世界的“原住民”，从小生活在科学技术的影响之中，受网络世界的熏陶成长，可以说网络世界是他们不可或缺的一部分。大学生的这种身心发展特点决定了他们在学习中也会更加偏爱于在网络世界学习。虚拟教学就满足了高校学生这种对于网络世界偏爱的诉求，能够提高思想政治理论课对于学生的吸引力，从而提高学生学习的积极性。虚拟教学利用虚拟现实、网络通信、人机交互、多媒体等技术，构建能够还原历史和现实的场景，激发学生的学习积极性，增强对学生的吸引力。学生通过沉浸式的学习领会教学内容，从而实现传统实践教学难以完成的教学目标。

虚拟教学契合了当代大学生的价值选择和兴趣偏好，虚拟教学基于数字化的虚拟空间，将打破传统实践教学的枯燥无味的局面，产生一种新的、更符合大学生取向的实践教学方式。虚拟教学能够在现实的基础上打造出新的学习环境，从学生的角度出发，利用学生对于网络世界的喜爱来促进虚拟教学活动的开展与实施。虚拟教学迎合学生的真正学习诉求，从理论知识的理解到实践能力的提高，学生能在虚拟教学中得到提升，能够培养学生的思维能力和实践能力，实现全方位的发展。采用学生更喜爱的虚拟教学形式，综合考量学生在学习过程中的真实体验和情感感悟来开展教学活动，改革创新实践教学方式，提高思想政治理论课对学生的吸引力，激发学生学习的主动性，最终发挥思想政治理论课的应有作用。从学生维度来看，在思想政治理论课实践教学中采用虚拟教学的形式符合大学生身心发展特点，迎合了大学生一直以来的兴趣偏好，是十分可行的。

三、高校思想政治理论课实践教学虚拟教学存在的问题

目前高校思想政治理论课实践教学虚拟教学作为一种新兴的实践教学方式取得了一定优秀成果，但也因为是新生事物，其发展不是一帆风顺、一蹴而就的。

（一）主客体维度：主客体教学思维无法及时转变，操作水平薄弱

1.传统教学思维定式较难改变

高校思想政治理论课实践教学虚拟教学作为一种新兴的实践教学方式，

产生时间较短、普及范围较小，虚拟教学需要多方面的条件相互配合与相互协调才能顺利开展。思想政治教育主客体的双向互动过程推动了思想政治教育活动的开展，在虚拟仿真教学过程中，这一理念同样适用。目前的虚拟教学还未能全面发展起来，在各个方面都存在不足，因此，很多高校开展实践教学仍然采用传统的实践教学模式，教学主客体对于虚拟教学活动的开展一时难以适应，教学思维也难以转变。

在教学过程中，教师历来都是学生发展规划的计划者，教学任务的承担者，教师根据对学生基本情况的了解以及学生对教学的实时反馈来不断调整教学，优化教学方式，提升教学效果。在虚拟教学中，不同于传统教学的教师主导，教师应当适当弱化自己的主导地位，提供给学生自主的实践空间。但许多教师已经习惯于将知识灌输给学生后再进行实践，因此在虚拟教学中会过于重视自我在教学中的表现，从而忽略了学生在此过程中的主观能动性，在教学安排上无法适应虚拟教学的特点，不能满足学生对虚拟教学的更多需要，浪费了虚拟教学的应有价值。传统的实践教学思维目前仍然存在于虚拟教学中，教师在教学过程中不自觉地处于主导地位，使得学生的主体作用无法发挥，主体地位无法彰显。虽然现在虚拟教学取得了一定成果，但是目前这种主客体转变不灵活的现象无法马上克服与消除，学生在虚拟教学方面自主意识不强，仍旧依赖教师下达命令进行学习与探索，投入程度也就不如自主发现深，无法获得真正的情感体验。同时，学生长久以来对思想政治知识的学习较为随意，认为思想政治知识枯燥无味，不愿进行深层次的学习，虽然虚拟教学的活动形式新颖，能激起学生的部分兴趣，但学生在虚拟场域进行学习更关心的是网络活动，而不是学习知识，理解知识本身，因而无法激发学生学习的内在动力。在虚拟教学活动中，主要强调的就是自主探索与切身实践，在虚拟情境的教学中教师起到的应该是辅助作用，更多的知识理解与情感体验是靠学生来进行，教师不再成为学生获取知识的唯一来源，学生更重要的是通过自己的实践以及切身体验来获取知识，加强情感体验，最终达成教学目标，完成教学任务。但无论是传统理论教学还是传统实践教学，教师的主导地位深入人心，学生形成了固化思维并指导学生做出固化行为，让学生自动忽视了其在虚拟教学中的主观能动性和主体地位。学生被动地跟随教师行为仍然大量存在，学生无法一下习惯于这种相对自主的学习方式，以至于他们无法在虚拟教学中真正地处于主体地位，也导致学生参与程度不高，积极性不强，使得虚拟教学开展实际效果达不到理想预期。教学主客体对于教学模式的思维一时间难以转变，会使虚拟教学的效果大打折扣，影响实际教学效果，最终无法加深学生对思想政治知识的认同与理解，也就无法进一步提升学生的实践能力。

2.教学主客体对虚拟教学相关技术认知局限

高校思想政治理论课教师队伍大多具有深厚的思想政治理论知识功底，对于专业课的知识讲授可谓是信手拈来，但虚拟教学不止涉及思想政治的知识，也会涉及网络以及计算机技术知识。目前并没有针对思想政治理论课教师而开展专门性的培训，因此在这一新教学模式下高校思想政治理论课师资力量显得有些薄弱。不仅是教师，学生对于虚拟技术也少有涉及，因此可以说无论是教师还是学生对虚拟技术都存在认知局限。根据前文介绍，目前存在可应用的虚拟教学技术，但对于高校思想政治理论课教师来说都很陌生，缺乏对相关技术的基础性认识，教师在教学过程中容易产生如操作不当，不能及时为学生解惑等问题，影响教学效果。

3.教学主客体相关技术操作水平不足

目前在各大高校，虚拟教学的开展很多都是由马克思主义学院自主开展，未形成多部门联动，虚拟实践教学的开展得不到系统化的保障。虚拟教学本身又具有前期投入大、耗资多的特点，在物质保障不健全的情况下虚拟教学很难落到实处。在经费不足的情况下，大部分的学校无法配备良好的设备与硬件，虚拟平台难以搭建，VR等设备无法购买，教学主客体的虚拟教学实操更是进展艰难。目前高校思想政治理论课教师队伍大多具有深厚的专业知识素养，但虚拟教学要求思想政治理论课教师不仅在专业知识方面有扎实基础，还要有网络平台运用能力，但这对一些思想政治理论课教师尤其是年龄较大的思想政治理论课教师来说相对有些困难。在虚拟教学过程中，教师要对学生的实践进行及时地把控与引导，教师在技术操作层面的水平有所欠缺，无法熟练掌握信息技术、运用各种实际硬件，不能灵活运用课堂主题展示软件、自主参与软件、课程情景再现软件以及互动教学软件等，不能及时解决学生在实际操作过程中出现的问题与困境，使得虚拟教学无法继续开展，影响教学的实际效果。虚拟教学在虚拟的情境下进行实践，对学生的技术水平也提出了要求，学生在虚拟实践方面操作水平较低，无法将在虚拟操作中的问题实时反馈给教师。总而言之，在虚拟教学过程中教学主客体在实际操作层面水平欠缺会很大程度上影响教学的实际开展，不仅浪费了虚拟教学资源，而且影响到实际教学效果。

（二）教学过程维度：教学目标难以衡量，资源相对重复与匮乏

1.教学目标的实现较难衡量

无论是在传统实践教学中还是在虚拟教学中，教学目标的实现都是教学过程中重要的一环，教学活动的开展始终以教学目标为导向，并围绕着教学目标来设计与执行。一旦教学目标的实现无法衡量，对于虚拟教学的建设、改革与实施都有着重大影响，但目前虚拟教学中对于教学目标并未有明确统一的规定。虚拟教学方式对于现在的大学生来说比传统的实践教学更具有吸引力，也更加能激发学生的学习热情，能弥补传统实践教学在很多方面的不足。大学生思维活跃，对于新事物接受能力更强，他们会对虚拟教学产生极大的兴趣，但在教学过程中，注意力也很容易转移，这就造成了一个问题，在虚拟教学的过程中教学目标的实现难以测量。在虚拟情境中学生学习的积极性和主动性得到了提高，但教师对学生学习状态、学习进程的监管也比较难展开，不能很好地观察学生对教学的投入程度，在虚拟情境中的行为难以识别，可能出现偏差，教学目标是否实现也难以衡量。虚拟教学开展缺乏明确的标准，当前对虚拟教学平台和系统研究主要针对技术提升、场景再现，真实情境复刻等方面，对于教学过程中存在的问题还不够重视与关注。虚拟教学的目标主要包括理论目标与实践目标两个方面，在理论目标上，学生要对虚拟教学对应的理论知识有一个明确的了解与相当程度的把握；在实践目标上，学生通过虚拟实践对理论知识进一步深刻体会，学生在对历史事件的直观感受中能提高自身综合素养，激发学生学习的自主意识，以提升学生的道德素养、创新能力和实践能力。在目前的虚拟教学体系中还未建立起统一科学的标准，在课程体系的建设中虚拟教学的教学目标还较为模糊，这也导致现在的虚拟教学还未有科学的规章制度与课程目标标准，这也使得在教学过程中教师对于教学目标很难把控，从而使得教学效果也难以评价，影响实

际效果。

2.教学内容的选择严重重复

高校思想政治理论课实践教学虚拟教学内容的选择主要建立在高校四门思想政治理论课教材之上，通过对理论内容的选择来搭建与之对应的虚拟场景，开展虚拟仿真教学。但在目前的虚拟教学中存在一个问题，在理论内容上，各高校多选择与“精神”相关的内容。如在国家虚拟实验教学平台上，可以看出目前各高校在建设虚拟教学实验项目时多选择与“长征精神”“抗战精神”“西柏坡精神”等革命精神有关的课程内容来搭建实验平台，这就使得在教学过程中其他内容板块缺乏虚拟教学资源，在讲授其他教学内容时无法通过虚拟教学形式进行实践教学。在虚拟教学中，教师通过网络信息技术，利用网络媒介在虚拟场域中与学生进行人机之间的实践教学互动，以达成相应的教学目标，达到教学效果。可以说教学内容的选择对这一目标的达成至关重要，选择对于学生来说具有吸引力、新颖的教学内容能够使学生在教学过程中提高学习兴趣，激发内在学习动机。从本质上来看，教学方法与教学内容之间有着难以分割的内在联系，在虚拟教学中通过各种网络信息技术对理论内容进行虚拟场景的搭建，以适应学生的成长特点，激发学生的学习积极性。虚拟教学课程建设时间较长，因此在教学内容的选择上就要避免内容重复，要实现资源的充分利用。大学生的成长特点决定他们更关心贴近生活的、丰富多样的教学内容，在教学内容的选择上应更具时代性和趣味性，要针对学生特点来建设他们感兴趣的相关知识的虚拟教学项目。在建设中也要避免在一个课题上的多次重复建设，如在“精神”类项目建设中要实现多种精神的丰富建设，不仅仅针对像“长征精神”等革命精神的建设，也要根据时代的发展搭建如“抗疫精神”等新时代精神的建设，丰富对教学内容的选择，实现教学内容的多样化选择，避免在内容选择上的重复。

3.教学课程资源相对匮乏

高校思想政治理论课实践教学虚拟教学开展的重点在于教学课程资源的选择与建设，但就目前而言，虚拟教学课程资源方面主要存在以下几个问题。首先是数量问题，在课程资源方面不只基础数量有所欠缺，在精品课程方面也有所不足，仍需继续努力。根据大学生的成长特点和时代特点，虚拟教学会比传统的实践教学更加能吸引他们的注意力，较少的课程资源会很大程度影响学生们的学习积极性，容易达不到学生们的学习需求，从而降低对虚拟教学的期待，进而降低教学实效性。其次是教学课程资源的质量问题，在当下的虚拟教学中多将VR视为一种知识载体，而AR则很少在教学中使用。目前所出现的虚拟教学在课程资源的建设方面多采用“虚拟技术+传统教学内容”的形式，多采用VR的形式，将课程资源的研究重点放在课程资源制作上面，将一些典型的、重要的课程内容做虚拟化的情境设计，让学生进行学习。这种教学资源形成后最主要的一个问题就是根据教学内容设计的虚拟场景具有针对性，无法进行大面积推广，也就较难形成学科化的虚拟教学的课程资源体系。最后是在教学课程资源开发层面的问题，在高校思想政治理论课实践教学虚拟教学课程资源的开发中很多学院、学校多为单打独斗，尚未形成多学校、多地区联合开发的局面。在搜索虚拟教学课程资源时也可以发现，目前的课程资源都是以各马克思主义学院或者学校为单位开发的，这种情况不利于整体学科课程资源的整合、开发与利用，无法形成完整的课程资源体系。

（三）条件环境维度：改革进程缓慢，配套体系缺乏

1.思想政治理论课实践教学虚拟教学改革进程缓慢

高校思想政治理论课实践教学虚拟教学的开展，依赖于现实与网络两个层次，在现实层面上，主要包括教学资源的选择与建设、教学平台的设计与规划以及其他硬件设施的采购与维护等；在网络层面上主要依靠科学技术的进步与发展、虚拟场景的模拟与再现以及评价体系的完善等，这些不同层面的模块共同构成了虚拟教学课程。目前虚拟教学还未在各个高校普及开展，完整的课程体系尚未建立，教学课程资源匮乏、教学平台单一、教学内容不丰富，大大阻碍了虚拟教学的改革进程。在思想政治理论课实践教学虚拟教学改革的过程中，一方面要对虚拟教学中的基础性科学技术问题进行深入研究；另一方面要注意对教学资源、平台建设的基础问题的关注。在虚拟世界中如何将真实的场景或者事件完全真实地复制到虚拟场景中，实现对现实世界的客观描述，以确保学生在虚拟体验过程中能百分百沉浸其中是当前十分重要的问题。同时，目前的虚拟教学课程大多选择易于搭建虚拟情境的课程

内容，如“西柏坡精神”“长征”“革命精神”等针对性强的内容，虽然都取得了较好的成果，但是要想进一步提高虚拟教学效果，仅仅选择这些内容还是不够的。还需要在其他针对性不强的课程内容上继续发力，加深在虚拟教学课程内容方面的改革，努力建设出普适性更强，大众面更广的新的实践课程。虚拟教学的改革不是一蹴而就的，是一个长时间的过程。因为在马克思主义理论方面虚拟教学具有出现较晚、时间较短的特点，也决定了虚拟教学改革的进程就是缓慢的。不仅需要各高校的努力，还需要政府、社会在各方面的保障与支持，尽早形成科学完备的教学体系，打造丰富的教学资源，以更好地达成虚拟教学的教学目标，进一步提高虚拟教学效果，提升学生的道德修养、实践能力。

2.教学平台单一，资源共享体系不健全

虚拟教学是在虚拟场域开展的实践教学活动，其主要载体之一就是虚拟教学平台，但思政学科的虚拟教学平台较少，最权威的就是国家虚拟教学课程共享平台，与其他学科虚拟教学平台数量相比犹如沧海一粟。一方面，思想政治教育本就是一个偏重于理论灌输与讲授的学科，虽然能够转化为虚拟教学情境的课程资源相对丰富，但是在实践方面经验较少，相对缺乏；另一方面，在国家提出虚拟实践教学的背景下，马克思主义理论类起步相对较晚，教学资源建设、经费保障、评价体系等方面还有所欠缺，虚拟教学资源不足。与传统的实践教学相比，虚拟教学有其特性，这也要求虚拟教学平台的各项功能需要符合交互性、创新性的特点。但就目前的虚拟平台而言，功能较为单一，仍然停留在简单的资源整合和课程项目管理阶段，无法提供更多的反馈功能，无法及时反馈教学问题，容易达不到理想的教学效果。不健全的虚拟教学平台阻碍了其独特的交互性优势，使得师生、生生之间无法资源共享、互动交流不顺畅，在学生实践能力的培养上十分受限。目前很多高校开展虚拟教学项目多采用校企合作的方式，但每一个企业的后台管理模式、课程实施模式都会有所差别，这也使得虚拟教学课程资源共享困难，各平台数据无法共享。没有统一的技术要求和建设规范，使得各资源无法兼容、二次开发难度大，教学资源的共享体系建设更是难上加难。同时，虚拟教学的平台大多针对学校内部，学生在使用的时间和空间上自由度不高，无法发挥虚拟教学资源可随时随地使用的独特优势。很多虚拟教学体验项目多为校园内部使用，这也就导致了校与校之间资源不共享，缺乏协作与互通，而马克思主义理论类的虚拟课程资源相对于理工科来说较少，会出现重复建设等问题，容易导致虚拟教学资源浪费的现象产生。

3.相关保障机制尚需完善

高校思想政治理论课实践教学虚拟教学开展需要实践者在实践过程中与系统、机器形成良好的互动关系，这就要确保在高校思想政治理论课实践教学虚拟教学过程中顺利开展与有效落实。虚拟教学是一种新兴的有着强大生命力的教学方式，如果没有良好的保障体制机制，这种生命力会很快消亡，不能达到好的教学效果。因此需要有效的保障体制来保障虚拟教学的开展，以激发出虚拟教学强大的生命力。有了完备的虚拟教学保障体系，才能提高虚拟教学的开展效果，最终提升思想政治理论课实践教学的教学效果，但目前的高校思想政治理论课实践教学虚拟仿真教学在保障体系建设方面还有所不足。虚拟教学的领导机制和考核、评价体系不健全直接影响着虚拟教学活动的开发与建设，最终影响虚拟教学的普及与推广。在高校思想政治理论课实践教学中领导机制的建立能够对虚拟教学项目的建设有一个整体的把握，对于整体规划与步骤安排能有一个科学合理的统筹，使得虚拟教学的建设能够事半功倍。科学的领导机制和考核、教学评价体系有利于教师发现课程建设中不协调的地方，修改虚拟教学中不合适的教学步骤，优化虚拟教学整体结构，从而提升虚拟教学实际效果。目前各高校的虚拟系统中甚少有科学的领导机制和考核、评价体系，并未根据虚拟教学特点革新原有的传统实践教学保障体系，这也就导致了虚拟教学与现实脱节的现象，无法随着学生的实际体验情况而改变。因此，不论是从教师还是学生角度，都没有完整科学的体系来保障虚拟教学的开展。社会方面的相关保障机制的建设影响着虚拟平台的搭建与资源的共享，要建立社会与产业的支撑机制，以推动虚拟技术产业的发展，这是保障高校虚拟实验建设水平的基础。虚拟教学资源在前期的搭建过程中成本较高，在后期的教学开展过程中也需要经费投入，这也就导致高校建设虚拟资源负担较重，需要高校同企业、政府联合起来建立社会协同保障机制，共同建设虚拟实践课程，并保障虚拟教学的顺利开展与实施。

第三节 数字化时代高校思想政治理论课实践教学的对策

数字化时代高校思想政治理论课实践教学需要不断创新和完善。通过利用数字技术优化实践教学环境、创新实践教学方法、加强实践教学与现实的结合、完善实践教学评价体系、加强师资队伍建设以及强化实践教学管理与保障等措施的实施，可以有效提升实践教学的质量和效果，为培养德才兼备的高素质人才提供有力支持。下面仍以高校思想政治理论课实践教学虚拟教学的实施为例展开论述。

一、高校思想政治理论课实践教学虚拟教学的实施原则

思想政治教育是一项复杂的教学活动，除了基础的理论知识以外，更重要的是将社会主义核心价值观的培育贯穿于教育教学全过程。学生将理论知识内化于心，加强对社会主义的认同、增强对中国特色社会主义的信心、坚定共产主义的远大理想，从而指导其实践活动，做一名合格的社会主义建设者和接班人。在虚拟教学的开展过程中，不能随心所欲，要遵循学生成长特点，遵守相应原则来开展教学活动。

（一）政治性和思想性相统一原则

习近平总书记强调：“思想政治理论课是落实立德树人根本任务的关键

课程”[①]，这要求高校思想政治理论课要始终以立德树人作为教育教学的目标，不断推动课程的改革创新，进一步提升课程效果。高校思想政治理论课传播的是知识、价值观，肩负着培养社会主义建设者和接班人的使命。实践教学是思想政治理论课的一部分，虚拟仿真教学是实践教学中的一部分，也要坚持正确的政治方向和把握正确的思想观念，这不仅是培养当代大学生人才的需要，也是进行社会主义现代化建设的需要。虚拟教学依托于网络平台，现今的网络平台信息纷繁复杂，具有多种思想和意识形态，存在着优劣并存的现象，大学生又是使用网络的主要群体，他们思维活跃、求知欲强、感情丰富，更容易受到网络环境的影响。在开展虚拟教学时应时刻注意立足学生思想实际，关心学生实际诉求，结合学生的身心发展规律，加强对学生思想政治方向的引导。注重提高学生在课堂中的参与度，调动学生学习的积极性和主动性，帮助学生能将社会主义核心价值观内化于心，外化于行。虚拟教学能将枯燥的理论知识转化为直接的情感体验，将情感、态度和价值观更快、更直接地向学生们传递，学生在进行身临其境的体验时，留下强烈的印象与深刻的记忆，使其能敞开心扉地接受思想政治教育。在开展高校思想政治理论课实践教学虚拟教学时必须坚持政治性和思想性相统一原则，将教育教学内容与马克思列宁主义、毛泽东思想和中国特色社会主义理论体系相结合，及时剔除落后、消极的思想内容，将社会主义核心价值观贯穿其中，使学生能自觉接受思想政治教育，进一步表现在日常的实践之中。

（二）整体性与实效性相统一原则

高校思想政治理论课实践教学虚拟教学的开展要与整体的实践教学体系相统一，必须与教学内容相融合，坚持以理论指导虚拟实践，既要有实效性，又要有针对性。思想政治教育涉及很多相关学科的知识，在设计虚拟教学课程时要注意统筹兼顾，在教学活动开展过程中，虚拟教学改革与课程建

---

① 教育部关于深入学习贯彻习近平总书记重要文章《思想政治理论课是落实立德树人根本任务的关键课程》的通知[J].中华人民共和国教育部公报，2020（09）：5–7.

设要统一筹划、同步推进，将虚拟教学内嵌于思想政治理论课教学的基本环节，使之成为思想政治理论课教学有机整体的一部分。另外，马克思主义理论是一个完整而有逻辑的有机整体，在虚拟教学课程设计的过程中应对课程有一个整体的规划，将理论知识相近或相似的内容做适当调整，做到课程资源的共建共享。同时，在教学过程中我们也要注意到并非所有课程内容都能进行虚拟教学，我们不能完全撇开现有的传统实践教学，要将传统的实践教学与虚拟教学相结合，视为一个有机整体，二者各有侧重，充分发挥其特色，才能形成最大合力。在虚拟教学开展过程中，要根据时代的发展、互联网技术的进步不断调整教学内容和教学方式，注重体现思想政治的学科特征，将党的最新思想和国家的方针政策向学生们传递，增强学生对中国特色社会主义理论、制度、文化、道路的自信，增加学生对中国特色社会主义的认同感和民族自豪感，增强教学实效性，为培养合格的社会主义建设者和接班人打下良好基础。高校思想政治理论课实践教学虚拟教学坚持整体性与实效性相统一原则，既要符合网络信息快速发展的特征，又要体现思想政治理论课的学科特征。坚持传统与虚拟相结合，各取所需形成最大合力，提高教学实效性。

二、改进高校思想政治理论课实践教学虚拟教学的对策

针对高校思想政治理论课实践教学虚拟教学中存在的问题，我们可以从以下几个方面提出对策，以进一步改进和完善实践教学体系。

（一）加强虚拟教学平台的建设

在信息化时代背景下，虚拟教学平台已经成为高校教育的重要组成部分，它为学生提供了更加便捷、高效的学习方式，也为教师提供了更多样化的教学手段。

为了打造更加逼真的虚拟教学环境，高校思想政治理论课应积极引入先进的技术手段，如虚拟现实（VR）、增强现实（AR）等。这些技术可以模

拟真实场景，让学生仿佛身临其境，增强学习的沉浸感和体验感。同时，高校思想政治理论课还需要不断优化虚拟教学平台的功能，提供丰富的教学资源和学习工具，以满足学生多样化的学习需求。这些资源可以包括在线课程、教学视频、学习资料库等，让学生随时随地进行自主学习。学习工具方面，可以提供在线讨论区、实时互动问答等功能，方便学生进行互动交流，促进知识的共享和碰撞。

此外，高校思想政治理论课还应注重虚拟教学平台的稳定性和安全性。平台应该具备良好的稳定性和容错性，能够应对大量学生的并发访问，确保教学的顺利进行。同时，要加强数据保护和安全防护，确保学生和教师的个人信息和教学数据不被泄露和滥用。

高校应加大对虚拟教学平台的投入力度，通过引入先进技术、优化平台功能、提供丰富资源等手段，打造更加高效、便捷、安全的虚拟教学环境，推动教育信息化的发展，提升教学质量和学生的学习效果。

（二）完善实践教学设计

为了确保思想政治理论课实践教学的效果，高校应紧密结合课程目标和教学内容，制订出一套科学合理的实践教学计划。

思想政治理论课实践教学计划的设计应充分体现课程目标和教学内容的要求。这意味着，在制订计划时，教育者需要深入剖析课程目标，明确学生需要掌握的知识和技能，以及应具备的实践能力和创新精神。同时，教学内容也应作为制订思想政治理论课实践教学计划的重要依据，确保实践任务与课程内容紧密相连，相辅相成。

思想政治理论课实践教学计划应包含具有针对性的实践任务。这些任务应能够引导学生主动思考，激发他们的求知欲和探索精神。例如，可以设计一些实际案例分析、实验操作、项目设计等任务，让学生在实践中发现问题、解决问题，从而提升他们的实践能力和创新精神。此外，任务难度应适中，既要保证学生能够完成，又要具有一定的挑战性，以激发他们的潜能。实践教学与理论教学的有机结合至关重要。理论教学为学生提供了基础知识和理论体系，而实践教学则是对这些知识的应用和拓展。因此，在思想政治理论课实践教学中，教育者应注重引导学生将理论知识与实践相结合，让他们在实践中深化对理论知识的理解，同时也能够将理论知识应用于实践中，解决实际问题。

思想政治理论课实践教学计划的实施需要得到充分的支持和保障。高校应提供充足的实践教学资源，如实验室、实习基地等，为思想政治理论课实践教学提供有力的支持。同时，教育者也应不断提升自身的实践教学能力，确保实践教学计划的有效实施。

综上所述，高校在思想政治理论课实践教学设计方面应注重与课程目标和教学内容的紧密结合，制订科学合理的实践教学计划。通过设计具有针对性的实践任务，引导学生主动思考和解决问题，培养学生的实践能力和创新精神。同时，注重实践教学与理论教学的有机结合，确保学生在掌握理论知识的基础上，能够将其应用于实践中。这将有助于提升学生的综合素质和能力水平，为他们的未来发展奠定坚实的基础。

（三）加强师资队伍建设

在当前高等教育的大环境下，高校思想政治理论课实践教学的师资队伍的建设显得尤为重要。这不仅关系到课程本身的教学质量，更直接关系到学生思想政治素质的培养和全面发展。因此，高校必须高度重视思想政治理论课实践教学师资队伍的建设，确保思想政治理论课教师队伍具备丰富的实践经验和出色的教学能力。

挑选具有丰富实践经验和良好教学能力的教师完成实践教学任务。这不仅要求教师具备扎实的理论基础，还需要他们在实践中能够灵活运用理论知识，将理论与实践相结合。例如，在涉及社会主义核心价值观的教学中，教师不仅要能够准确阐述其内涵，还要能够结合社会热点和实际问题，引导学生进行深入分析和思考。

加强对教师的培训和教育，提高教师的专业素养和教学能力。这包括定期组织教师参加专业培训、学术交流活动，以及鼓励教师参与国内外高水平的研究项目。通过这些措施，不仅可以提升教师的专业素养，还能够拓宽教师的视野，激发他们的创新思维。此外，鼓励教师积极参与实践教学研究和改革，是推动实践教学不断创新和发展的关键。高校应该设立专门的研究机构或平台，为教师提供研究和实践的机会。同时，还可以通过设立奖励机制，激发教师参与实践教学研究的积极性。例如，可以设立实践教学成果奖，对在教学研究和改革中取得显著成果的教师给予表彰和奖励。

高校应重视思想政治理论课实践教学师资队伍的建设，通过选拔优秀教师、加强培训教育、鼓励教学研究和改革等措施，不断提升教师的专业素养和教学能力。只有这样，才能确保实践教学的高质量实施，培养出既具备理论知识又具备实践能力的优秀人才。

（四）建立有效的评估机制

为了确保思想政治理论课实践教学的质量和效果，高校必须建立一套科学有效的评估机制，对思想政治理论课实践教学进行定期评估和反馈。这样的机制不仅有助于发现思想政治理论课实践教学中的问题，还能为改进和完善思想政治理论课实践教学体系提供有力的支持。

评估机制的建立应以学生为中心，充分收集学生的反馈意见。学生是思想政治理论课实践教学的主体，他们的参与度和满意度是衡量思想政治理论课实践教学质量的重要指标。高校可以通过问卷调查、座谈会等方式，定期收集学生对思想政治理论课实践教学的意见和建议。同时，应确保学生的反馈意见得到及时、有效的回应，让学生感受到自己的参与价值，从而激发他们参与思想政治理论课实践教学的积极性。

教师的反馈也是评估机制中不可或缺的一部分。教师作为思想政治理论课实践教学的组织者和实施者，他们的教学经验和教学方法直接影响着思想政治理论课实践教学的效果。高校应鼓励教师积极参与评估过程，分享自己的教学心得和体会。同时，高校应关注教师在思想政治理论课实践教学中遇到的困难和问题，提供必要的支持和帮助，以促进思想政治理论课实践教学水平的提高。此外，评估结果应作为改进思想政治理论课实践教学的重要依据。高校应根据评估结果，分析思想政治理论课实践教学中的优点和不足，制定相应的改进措施。例如，针对思想政治理论课实践教学内容陈旧、教学方法单一等问题，高校可以调整课程设置，引入新的教学方法和手段，以提高思想政治理论课实践教学的吸引力和实效性。同时，高校应将评估结果与教师的绩效考核和奖励机制挂钩，激励教师不断改进教学方法和手段，提高思想政治理论课实践教学的水平和质量。

在评估机制的实施过程中，高校还应注重与其他高校、企业和行业的交流合作，借鉴先进的思想政治理论课实践教学经验和做法。通过共享资源、交流经验，高校可以不断完善自身的思想政治理论课实践教学体系，提高思想政治理论课实践教学的整体水平和质量。

为了确保思想政治理论课实践教学的质量和效果，高校必须建立有效的评估机制，对思想政治理论课实践教学进行定期评估和反馈。通过收集学生和教师的反馈意见，及时发现和解决思想政治理论课实践教学中的问题，不断完善思想政治理论课实践教学体系。同时，高校应将评估结果作为改进思想政治理论课实践教学的重要依据，激励教师不断改进教学方法和手段，提高思想政治理论课实践教学的水平和质量。只有这样，才能培养出更多具有实践能力和创新精神的高素质人才，为社会的发展和进步做出更大的贡献。

综上所述，改进高校思想政治理论课实践教学虚拟教学需要从加强虚拟教学平台建设、完善实践教学设计、加强师资队伍建设以及建立有效的评估机制等方面入手。只有这样，才能更好地发挥虚拟教学在思想政治理论课实践教学中的优势和作用，提高思想政治理论课实践教学的效果和质量。

第五章　高校思想政治理论课教师数字化教学能力的提升

数字技术的持续进步给教育变革带来无限可能，教育的数字化转型也对教师提出了更多挑战与要求。教育部于2022年12月发布了《教师数字素养》教育行业标准。该标准出台的目的在于有力推进国家教育数字化发展，以完善教育数字化标准体系，同时致力于提升教师创新和变革教育教学活动的意识、能力。就高校思想政治教育而言，数字技术的运用与发展仍然较为滞后，成为制约教育质量提升的重要因素。从实践主体看，教师是推动数字技术与高校思想政治教育深度融合的关键力量，他们的数字素养水平直接决定着高校思想政治教育数字化的程度，也影响着学生数字素养的培育与发展。因此，提升教师的数字素养对推动数字技术与高校思想政治教育融合发展具有深远意义。

第一节　高校思想政治理论课教师的数字化教学能力现状分析

随着国家对教育信息化的大力推进，越来越多的高校思想政治理论课教师开始关注并尝试运用数字化教学手段。他们认识到，数字化教学有助于丰富教学内容、提高教学效果，并能更好地满足学生的个性化学习需求。高校思想政治理论课教师的数字化教学能力对其教学效果具有重要影响。面对新时代的教育发展需求，有必要从多方面提高教师的数字化教学能力，推动思想政治理论课高质量发展。然而，需要注意的是，提高教师的数字化教学能力是一个长期、持续的过程，需要学校、教育部门和社会的共同努力。

一、高校思想政治理论课教师的数字知识存在浅层化现象

因缺乏知识技能类素养而产生“数字危机”。危机一方面源于高校思想政治理论课教师相较于数字技术的本身局限，另一方面体现在高校思想政治理论课教师技术运用的无力。从高校思想政治理论课教师自身局限性的角度，教师与机器相比，不可避免地显示出知识储备、精力、信息源等方面的不足。随着人机合作的“双师课堂”①与“智能导师系统”等教学新模式的产生，传统教师“布道”式的教学将丧失优势②，知识类的教学也将不再是人类教师的优势。在这种差距之下，高校思想政治理论课教师自觉失落，或选择全然依赖于外部技术进行教学，或固守成习而不加以修炼，由此产生角色

① 汪时冲，方海光，张鸽，马涛.人工智能教育机器人支持下的新型“双师课堂”研究——兼论“人机协同”教学设计与未来展望[J].远程教育杂志，2019，37（02）：25-32.

② 周月玲，谢泉峰. 人工智能时代教师角色的转变——基于我国教师角色传统表征体系的分析[J]. 教育科学研究，2021（02）：87-92.

偏差和职业危机。

尽管技术进步飞速，但在实践中，高校思想政治理论课教师在知识技能层面的素养仍止步于初级软硬件的使用，如使用一些多媒体，而面对新型人工智能、大数据技术则束手无策。当前很多高校已经开始配备和采用更为智能化的技术，如利用“学校大脑”等数字化模式进行教师画像、学生评价，采用虚拟现实技术开展课堂教学等，但高校思想政治理论课教师在这方面的知识技能水平还不够。高校思想政治理论课教师在数字技术方面的能力落后，在操作、分析、运用等环节存在困难，不能适应技术和教育变革的节奏，难以将新技术融入实践中。

二、高校思想政治理论课教师的数字技能依赖刻板套路

多数高校思想政治理论课教师倾向于采用已有的教学资源教授学生，难以实现对学生在线学习状况的实时监测，体现出高校思想政治理论课教师的数字化课堂组织与控制能力不足以及在线平台使用能力不足。高校思想政治理论课教师的教学实践模式存在单一性的问题，无法对不同水平和学科的知识点进行有效区分与评估，因而无法满足学生动态的个性化学习需求。

高校思想政治理论课教师的教学方式在科学性和适用性方面也仍有不足之处。高校思想政治理论课教师作为高校思想政治教育的引导者并没有较好的数据思维，无法全面认识并充分发挥教育数据的价值，而只是得到了表面的数据，缺乏进一步的开发和运用以及推动高校思想政治理论课教学的变革。

三、高校思想政治理论课教师的数字能力趋向单一

当高校思想政治理论课教师掌握了智能时代条件下教育教学的基本知识与技能后，开始逐步深入运用相关技术，而由于能力类素养不足，新的问题又将显现。数字化环境充满风险与挑战，要求高校思想政治理论课教师有问题分析与解决能力、创新能力等综合性胜任力。智能时代中一个典型矛盾便

是数字伦理问题，它包括了数字化软件的安全使用、自身合法权利的维护、教师与学生个人隐私的保护等。例如，在使用数字软件时，个人信息不可避免地被数字平台开发者所掌握，这就涉及学校成员的权益与安全问题。而高校思想政治理论课教师在面对这类问题时，先是要有所意识，再要懂得和善于处理。加之技术发展的超前性、不确定性、不可控性等特征，稍有不慎就会将学生、教师、学校乃至社会都暴露于风险之中。除了伦理道德方面的认识能力和问题解决能力，要使技术在教育领域用得其所，还需要教师有充分的技术融合运用能力、创新能力、组织管理能力等，将技术使用与高校思想政治教育紧密联系，在抵御数字风险的同时，更好地将技术融入高校思想政治教育中。随着智能技术的发展，人工智能可以在大数据基础上超越高校思想政治理论课教师的局限，进行个性化教学方案的设计和学生学习诊断等。对此，高校思想政治理论课教师要能够进行合理运用，并加以一定程度的突破和创新，有机结合技术手段与实际情境，进一步提升教育教学效能，促进学生成长与发展。否则，新型技术只会沦为“花瓶”和“表演”，甚至成为高校思想政治理论课教师的负担。

四、高校思想政治理论课教师的数字理念相对被动

当高校思想政治理论课教师能够了解新型技术并在高校思想政治理论课教学中使用后，由于缺乏鉴别力、创造力、思考力等，对数字技术产生依赖性，如习惯于照搬已有的资源和技术，将技术成果直接应用到实际教学中。从表面上看，这是一种进步的创新手段，但其本质却还是一种“照本宣科”式的教学，不仅忽略了不同学生群体的差异性，也抑制了高校思想政治理论课教师真正的创造性与自主性，同时也会削弱他们的表达能力等多种能力。事实上，如果他们都遵循数字技术的既定轨道，规避高校思想政治理论课教学以及与学生相处过程中的一些偶然和错误，就难以产生教育的真实“火花”，难以实现教师和学生的双向成长，甚至导致教师“不用技术就不会教学”现象的产生。从资本的角度来说，数字实质上是一种商品。如若缺乏分辨力，就容易沦为数字以及数字商品的追随者和崇拜者。由于几乎所有事情都可以用数字的形式来考核和评价，并且看似科学、简洁且有效，所以在进

行教学评价时，教师越来越多地使用数字技术和数字形式来进行。但如果使用不当，陷入了数字化陷阱，也会使高校思想政治理论课教师陷入“数字拜物教”之中。面对被海量信息充斥着的世界，人们对事物的关心倾向于停留在表面，且容易注意力分散、头脑麻痹。当高校思想政治理论课教师接触到大量的数字信息后，容易沉溺于快餐式的技术便利中，造成高校思想政治理论课教师思维钝化与麻木。

第二节　高校思想政治理论课教师数字化素养提升

在当今信息化社会，数字化技术日益渗透各个领域，教育行业也不例外。作为高校思想政治理论课教师，具备一定的数字化素养，不仅有助于提高教学效果，更有利于推动课程改革创新。因此，如何提升高校思想政治理论课教师的数字化素养，成为当前教育改革的重要课题。

一、教师个人层面

在当今数字化时代，高校思想政治理论课教师的数字化素养已成为其必备的核心能力之一。为了提升这一素养，教师层面需要采取一系列措施，从深化知识掌握、增强实践技能、锻炼多样化的能力到提升思想境界，全方位提高教师的数字化素养。

（一）深化知识掌握

从底层知识的角度，结合知识转化理论，高校思想政治理论课教师数字化素养的进阶在宏观层面要重构高校思想政治理论课教师专业知识的内容，中观层面要为高校思想政治理论课教师深度学习提供机遇和平台，高校思想政治理论课教师个人层面则要强化自主学习，促进知识内化。

1.重构智能时代高校思想政治理论课教师专业知识的内容

在知识层面，构筑较为完整的高校思想政治理论课教师数字化知识体系。高校思想政治理论课教师数字化素养的内涵式发展战略旨在以数字化素养为核心，聚焦直接关联于教学业务的学科领域，促进高校思想政治理论课教师TPACK能力的提升。在数字化实践中，将“以人为本”作为发展的最高价值取向，充分发挥个体在发展中的主体作用。贯彻人的全面发展和个性发展相结合，不断发掘和激发个体所固有的生命潜能以及创新精神。依据“场”以及SECI模型，知识转化的四个过程并不是孤立且单独进行的，而是紧密联系、不断连续的过程。在不断连续的循环过程中，随着知识转化螺旋的逐步攀升，隐性知识也会不断地被积累并转化成显性知识。数字素养的不断提升与知识螺旋上升的过程相对应，这是一个逐步推进的过程。由此，数字化素养也得到了持续提升，并逐步实现了通识素养向创新素养的转变，以及由“新手”向“专家”的转变，实现了数字素养的增值。

2.为高校思想政治理论课教师深度学习提供机遇和平台

打造高校思想政治理论课教师深度学习、养成数字化素养的“高校思想政治理论课教师中心”。作为“教师中心”教学理念的创始人，赫尔巴特将整个教学过程分为四个阶段，即清晰化、协作化、系统化和实践化。在教师培训方面，赫尔巴特提倡“专家中心”教育模式，知识的灌输过程由高校思想政治理论课教师主导，从而确保教学效果的最大化。高校思想政治理论课教师培训存在的主要隐患在于专家在课程中过于侧重为参训者呈现自己作为知识权威和形象化身的角色，进而强调对参训者的控制和规训，这种方式使参训者的兴趣和需求难以得到充分满足。因此，参训者的主动性和积极性受到了明显的抑制，甚至有可能导致参与者从被动的对象转化为被动的“物”。对此，应以具身认知为理论观照，选择“具身互动式”的教师培训方式。所谓具身互动，是在高校思想政治理论课教师培训过程当中，能采取各种方法和手段来充分调动教师与他者进行交流、对话、沟通等交往活动。情境认知理论认为，学习发生的情境是理解人类认知关键的重要因素之一，它强调学习和认知与情境是一个不可分割的整体，融入了日常生活的各个方面。高校思想政治理论课教师数字素养的提升要从“去情境化”向重视“情境化”转变。情境认知理论认为，认知过程并非独立于外部环境，而是在个体与环境互动中发生的实践活动。因此，知识是个体与环境交互作用中的一种属性，是一种动态的建构和组织过程，从而知识构建和组织都依赖于社会和文化的情境。

3.强化自主学习，促进知识内化

高校思想政治理论课教师的数字素养养成是一种教师自主的学习养成过程，并且渐进地需要整理、梳理已有缄默知识的过程。一方面，高校思想政治理论课教师需要得到他人的指导和反馈；另一方面，则需要通过自我反思来进行提高。微格教学形式的优点可以被高校思想政治理论课教师吸收和借鉴，并通过记录和反思自己的行为活动来提高自身的数字素养，同时这个反思过程本身也是一种利用互动场所去梳理自身的缄默知识。

首先，自我建构的学习。自我建构的学习是指将个体的行为活动记录下来，并对行为过程进行录像、重编与重组，以建立起其个人经验的学习方式。这种方法可以促使人重新审视已有的缄默知识，并使其更加清晰与立体化，从而更好地进行知识整合。

其次，情景性认知。通过录像技术，可以精准地记录并固化某一特定教学场景，从而帮助人们准确地把握问题的本质。同时，在反复再现与梳理的过程中，也有助于将隐性的知识显性化。

最后，角色转换，自我建构的学习教师的教学行为可视作一个演员的表演。在扮演好自我建构的学习教师这一角色时，理解并认同自我建构的学习教师角色显得至关重要。通过观看录像并借助研究性的观众角度，自我建构的学习教师的角色得以转换，从而理性地审视自己的教学方法。录像所呈现的言语、动作、表情甚至行为，生动地展现出了研究者的教学行为，同时，这些行为发生的背景也得到了细致而生动的再现，为其研究提供了一个充满文化性的物质材料。共同的文化性恰恰是促进沟通和交流的核心要素，具备了这一要素，缄默的知识得以更加有效地交流和传递。

（二）增强实践技能

从技能和应用的角度，高校思想政治理论课教师数字素养的进阶在宏观层面要建立政策性的保障，中观层面要塑造有利的外部环境、提供有效机遇，个人层面要积极大胆尝试，在实践中增长技能。

1.提倡实践运用的相关政策

教育技术的实践首先应有明确的教育目标，也做好基础性的保障。人本主义学习理论要求教育数字化的实践要有明确的教育目标。教育目标的设定必须做到具有现实情境的指导作用，并且其应当蕴含实践意义，尤其是其实践效能越加突出，则可以启发学习者获得更高的兴趣水平。数字技术环境的兴起促进了全球范围内的教育数字资源共享和增长，但这也给教育目标的确定带来了严峻的挑战。在此情况下，需要注重促进教育数字资源的合作共建，同时强化对高校思想政治理论课教师数字素养的培养，以克服因经济、历史、社会等多方面因素而造成的不平衡局面。然而，目前我国尚未建立一套完备且行之有效的大范围数字素养衡量机制。为此，建立一个更为全面且符合本国教育现状和宏观目标的高校思想政治理论课教师数字素养框架和实施方案显得尤为必要，为数字素养教育的评价和推广提供政策基础支持。

2.保障外部条件的有力支撑

构建能力为本的高校思想政治理论课教师专业发展模式。注重将线下实习、线上研修和跟岗实践三个方面进行衔接和迭代，实现高校思想政治理论课教师实践场景和专业学习场景的融合，从而更广泛地扩展和优化高校思想政治理论课教师知识学习、专家指导和同行交流的范畴。以能力为核心的高校思想政治理论课教师专业发展方案，能够在教学实践与专业学习的综合环境中将多个环节充分交叉和融合，进而更好地推动高校思想政治理论课教师能力的提升。与传统的被动学习方式相比，采用基于真实教学情境、真实任务驱动的主动学习策略，使得高校思想政治理论课教师在面临更为严峻挑战和困难的同时，也不断地迎来更多的学习机会。为了确保高校思想政治理论课教师能够保持深度参与，有必要为他们提供持续性的支持和指导服务，其中包括但不限于知识性支持、工具性支持、社交性支持和情感性支持等。在数字时代，智能技术的应用使得高校思想政治理论课教师能够受益于针对个人差异的支架式指导和支持，如基于网络的专家引领、同伴互助、共享式实践知识库、全过程的数字化学习引导以及即时的学习激励等，这些被视为高校思想政治理论课教师数字化发展项目的重要任务。

（三）锻炼多样化的能力

从能力的角度，高校思想政治理论课教师数字素养的进阶在宏观层面要不断完善评价方式，中观层面要创设合理情境，教师个人层面则要树立正确的理念和积极的态度，加深对教育数字化变革的理解。尤其是高校思想政治理论课教师，需要拓宽视野，发挥主观能动性和创新性，提升利用数字技术解决教育问题、创新教育方法的能力。

1.完善培训和评价的合理政策

一方面，在完善高校思想政治理论课教师评价体系和制定针对性培训政策的过程中，应着眼于提升数字化教学意识、教学技能、综合应用能力和树立正确价值观等方面，注重贯彻到岗前和在职的各个领域中。此外，数据驱动的评价方式开启了一个崭新的方向，使得高校思想政治理论课教师教学和专业学习的过程性数据被记录，基于过程的高校思想政治理论课教师学习成效评价成为可能。此外，大数据和人工智能技术为高校思想政治理论课教师提供了实现基于证据的教学改进、基于行为分析的总结教学规律的途径，推动了高校思想政治理论课教师能力的提升。

2.创造有助于提升能力的情境

高校思想政治理论课教师的学习过程严重依赖情境。教育作为一项社会文化性质的活动，是在实践共同体中展开的。仅有基于真实教学情境、真实教学任务以及真实教学问题为基础的学习，方可唤醒高校思想政治理论课教师的广泛参与，促进其有效学习。数字技术能够创造一个真实教学情境的学习空间，将线上与线下融合，与教学现场相连接，为高校思想政治理论课教师专业发展提供支持。这种基于真实任务并驱动问题解决的学习方式，为高校思想政治理论课教师提供沉浸式的学习体验，进而激发高校思想政治理论课教师内在动机与参与深度。以混合式研修活动为例，运用网络视频会议和直播技术，实现线上线下与教学现场的融合，为高校思想政治理论课教师创设真实教学情境的同时，帮助高校思想政治理论课教师针对实际问题开展教育教学活动。在数字化素养的养成过程中，高校思想政治理论课教师也应该致力于创造真实的教育教学场景，以有效推动其数字化素养水平的提升。

3.培养能力提升的意识与动机

理念决定行动，高校思想政治理论课教师实现能力增长的前提是其自身意识与动机的强化。高校思想政治理论课教师数字素养养成应具有自主性、延续性、发展性、丰富性。高校思想政治理论课教师只有善于按照自我的意志与想象来塑造自身能力，其教育的方式与过程才不是程式化的，不断进步的热情才会高涨，高校思想政治理论课教师的教育生活时空才可能向外扩张。高校思想政治理论课教师应通过专业自我的内力与张力来建构一个更富有活力、生机与个性的教育世界，在这个过程中使自己的数字化能力得以提升。

（四）提升思想境界

从思想认识的角度，高校思想政治理论课教师数字素养的进阶须在宏观层面加强对高校思想政治理论课教师的价值引领，中观层面要营造文化氛围，给高校思想政治理论课教师提供融入的心理空间，教师个人层面则要主动追求全面发展，自觉承担社会责任，提高道德素质和审美能力。对于当前绝大多数高校思想政治理论课教师来说，持续追求更高层级的数字素养的发展，从价值观和态度层面不断朝着生命跃迁的方向实现超越。

1.加强教师品行修养的外部力量

制定高校思想政治理论课教师数字化伦理的相关规范，规范的制定应具有科学性，充分关照教师对技术产品的接受程度，确保规范的可行性，使教师对规范的执行源于自发与自愿。构建科学有效的发展性的高校思想政治理论课教师数字素养的评价机制，是加强教师品行修养的关键。关注高校思想政治理论课教师在智能时代的伦理动态实践过程，同时也尊重教师的主体意识，将外在的“权威伦理”和教师的“自主伦理”充分结合，发挥高校思想政治理论课教师的积极性，唤起高校思想政治理论课教师的修养自觉，提高高校思想政治理论课教师的数字化道德意识和伦理实践能力。

2.开辟实现价值的心理空间

教育即文化，教育的本质是人与文化之间的双向建构。高校思想政治理论课教师的数字素养养成也需要氛围的营造。个体主要通过受教育的方式完成了对社会文化所包含的道德价值、规范体系等的认同、内化，社会文化主要通过教育完成对个体的陶染、化育。学校能为高校思想政治理论课教师数字化思维境界提升创造有效空间，开辟促进教师自我养成的广阔空间。要把握教学价值的基本理念与教育价值观，积极创建充满人文性和道德性的工作环境，将提升高校思想政治理论课教师在智能时代下的思想水平作为教学实践活动的重要任务。学校内形成民主、平等、互动的人际关系，鼓励高校思想政治理论课教师勇敢想、大胆做，努力开拓高校思想政治理论课教师的视野，深化思想认识。

3.教师追求素养的更高境界

境界根植于教师的内心。高校思想政治理论课教师数字素养最主要、根本的动力源于教师的自我养成。从高校思想政治理论课教师自身出发，需要有意识地更新知识、主动学习、培养能力、积累经验，才能获得专业发展的基础性条件，实现意识和行为的改善。高校思想政治理论课教师要充分发掘和利用周围有利于专业发展的各种资源，善于向同伴学习和参与团队合作，及时更新自己的教育理念和专业能力，积极实践，把握“TRY哲学”，朝着提升研究能力和创新能力、成为先锋型教师的方向努力。此外，教学技术并非单一工具的实体，而是高校思想政治理论课教师内在素质应用于学生的一种形式，因此必然带有伦理性。高校思想政治理论课教师应充分认识到，教学技术的实际应用不限于实现教学效果的有效性，同时应体现为对教学伦理的关注与审视。在教学实践中，高校思想政治理论课教师除了应考虑诸如显性效果等表面问题，还应关注那些长期且不易被察觉的隐性效应。高校思想政治理论课教师在评估和反思教学技术的生命力时，也需要站在伦理学的维度进行考虑。高校思想政治理论课教师也要在养成数字素养的过程中，加强对“他者”的关注，真正考量自己与学生的全面发展。

二、高校层面

提升高校思想政治理论课教师的数字化素养是一项长期而重要的任务。高校需要从多个方面入手，建立完善的数字素养培训体系和支持机制，激发教师的数字化教学热情和创造力，为培养更多的优秀人才贡献力量。下面将从建立教师数字素养基础理论、开发线上数字资源云平台、开展教师数字素养专题培训三个方面，详细探讨如何提升高校思想政治理论课教师的数字化素养。

（一）逐步建立教师数字素养基础理论

高校思想政治理论课教学有其学科特点，需要将高校思想政治理论课教学与学科性质紧密结合起来，研究高校思想政治理论课教师的数字素养构成和评价指标体系等。高校思想政治理论课教师的数字素养除了包括基本的“数字意识”“数字发展”“数字知识与技能”“数字道德”等维度外，还包括教学内容与知识等在内的一些教学重点知识，不同学科掌握的相关知识不同。高校思想政治理论课教师数字素养研究需要考虑教学目的知识、课程内容知识、学习者及其特征知识等教学重点知识。因此，研究高校思想政治理论课教师的数字素养构成，既要从“数字意识”“数字发展”“数字知识与技能”“数字道德”等方面分析高校思想政治理论课教学的共性，还要考虑高校思想政治理论课教学的个性，进行具体探讨。总之，要加强基础理论的研究，不仅要对高校思想政治理论课教师的数字素养进行深入的探究，还应对高校思想政治理论课教师这一特殊群体给予更多的关注。

（二）开发线上数字资源云平台

在大数据时代背景下，云教学模式快速发展，具有较高的公共资源使用率，且不受地域、经济和时间等制约，其弹性教学模式与弹性教学环境相适应。当前，高校思想政治理论课教师都清楚地表达了他们想要将数字化教学融入高校思想政治理论课教学之中，而在教学目标上，他们在教学过程中所表现出来的能力是不一样的。所以，他们在教学目标上有着很大的差异，传统、固定的线上教学方式已经无法满足学生的需要。

一是建立“网络空间”的“请进来”“送出去”相结合的训练模型。既要把有关的专业人士“请进来”，也要把一些经验“送出去”，如MOOC、SPOC等，利用互联网资源，开展对高校思想政治理论课教师的在线教育。

二是举行关于“数字教育”的学术讨论会。在进行大量的讨论后，总结得失，分享经验，从而达到共同提高的目的。

三是利用“以赛促能”，开展经常性的教学技术竞赛，提升教学人员的数学素质。在这个过程中，可以设立一些跟数字素养有关的研究项目，并让高校思想政治理论课教师主动参加，以此为机会，在进行科学研究过程中，不断地累积自己的工作经验，从而提高自己的数字素养和能力。

（三）开展教师数字素养专题培训

高校应开展针对高校思想政治理论课教师数字素养的专题培训或课程。在教学形式方面，主要以网络教学为主要内容，以短期培训班、选修课、专业课、讲座和竞赛等形式作为补充，各种教学形式同时存在，不要过多地占用高校思想政治理论课教师的工作时间，使教师按照自己的教学计划，进行教学方式的灵活处理。在教学方式上，还可以进行多个学校的连线听课、跨越空间约束进行线上共享，也可以根据教学计划进行相应的调节。

课程内容上，可将数字化教学模式与数字化教学设计作为培训内容，让高校思想政治理论课教师可以依据教学计划进行数字教学，包括数字化教学的基本模式、数字化教学设计、在线课程开发与设计、微课设计与制作、交互性课件制作等，使高校思想政治理论课教师满足高校思想政治教育培养目标，符合数字化高校思想政治理论课教学的基本要求。在此基础上，各大高校可开设提升高校思想政治理论课教师数字化教学能力的公共课。高校为高校思想政治理论课教师提供在微格教室、录播教室等进行学习、录课、讨论、交流的平台，从而提高教师对多媒体设备的应用能力。

三、政府层面

提升高校思想政治理论课教师的数字化素养是一项长期而紧迫的任务。政府需要发挥积极的引导作用，帮助教师树立数字公民意识，融入数字社会，并出台相关政策支持教师数字化素养的提升。同时，高校和政府部门还需要加强合作，共同推动教师数字化素养的提升，为培养具有高素质、高能力的优秀人才贡献力量。

（一）政府引导树立数字公民意识，融入数字社会

在建立“数字公民”的过程中，各国应该在充分认识到数字公民应该拥有的权益和发展空间的同时，也应担负起数字公民的责任，谨慎地看待数字行动，这些都是处在一个快速发展的国家中的公民应该具有的素质。当前，信息获取、筛选和再创造等方面的需求已成为必然，高校思想政治理论课教师要积极树立“数字公民”的观念。有些人把“数字公民”界定为能够规范合理地运用科技的人，其具体表现为：倡导对数字权力的平等获取；能够通过多种数码资讯渠道与别人沟通，做出精确的判断；能够运用数码手段来扩大自己的知识面，并与数码世界保持同步。

（二）政府聚焦数字素养现状，加快推动相关政策出台

许多教育发达国家和有关部门对学生的数字素养都十分重视，并对学生的数字素养进行了大量的调查和研究。例如，美国教育和文化总局、美国NMC和ACRL以及欧盟未来科技研究所等机构都曾开展了关于“数字素养”的研究，英国、美国、澳大利亚、新西兰等许多国家也都提出了“数字素养”的重要性。因此，提高国民的数字素养已被放在举足轻重的位置上。

中国教育部于2018年4月发布了《教育信息化2.0行动计划》，其中提出：“通过多年来的摸索和实践，我们认识到，在新的环境和新的冲突下，信息技术将对我们的教育事业产生深远的影响，但仍然不能满足新的要求”。我

国在数字教育资源的开发和提供上还缺乏足够的实力，在教育和学习的过程中，信息化的运用水平还比较低下，教育教学与信息化技术的结合还不够密切，对其进行了更多的研究和实践。可见，高级人才在数字化社会中的地位和作用是至关重要的。为此，亟待制定相应的国际中文教育专业的数字素质的培养策略，以提升高校思想政治理论课教师的数字素养，推动科学技术与社会的发展。

第三节　高校思想政治理论课教师数字化教学能力评价体系的建立

高校思想政治理论课教师数字化教学能力评价体系的建立，对于推动教师专业发展、提高教学质量具有重要意义。在当前信息化时代背景下，数字化教学已成为高校思想政治理论课的重要手段，而建立一套科学、合理的评价体系，有助于激发教师积极参与数字化教学的积极性，提高教学效果。

一、数字素养评价模型

很多国际机构，如ALA、JSC等，已经制定了实施“数字素养”的准则，这些准则旨在向教育工作者们提供他们在职业发展中需要的相关知识和技能，并指导今后在教学中如何融入数字素养。如2015年JISC提出的数字素养六要素是：（1）数字（digital）、数据（data）、媒介素养（media）；（2）数字创设难题的破解与创新；（3）数字交流，数字合作，共同参与；（4）数字化的发展和教育；（5）信息科技的普及；（6）数字身份与幸福感。有些学者提出了应用于图书馆、教师培训等多个领域的数字素养评价指标或内涵维度。

高校思想政治理论课教师的数字素养模型，可以划分为四个维度：

（1）数字意识素养是高校思想政治理论课教师在数字应用中遇到的困难

能够积极面对的意识、习惯和态度，肯定并理解数字应用的价值，有利用数字信息指导学习与生活的意愿。

（2）数字知识与技能素养是指高校思想政治理论课教师具有检索、甄别、理解、解决现实问题的素养。

（3）数字发展素养是高校思想政治理论课教师能够在高校思想政治理论课上充分利用数字手段，以提高与学生之间互动交流的素养。

（4）数字道德素养是指高校思想政治理论课教师在数字信息交流应用过程中，在尊重他人数字信息成果和隐私的同时，了解并遵守信息使用的法律及道德伦理，以维护个人数据安全。

二、高校思想政治理论课教师数字素养评价指标体系的设计

以DLFT模型的各项指标为理论指引，对其整理归纳后形成了教师数字素养评价指标体系。以DLFT模型的五个维度为基础，将教师数字素养评价指标体系分为“数据伦理与意识、数据使用基础、数据转化与分析、数据应用与决策及数据应用的结果评估”这5个一级维度；结合一线教师的实际情况对DLFT模型框架各项指标进行整理与归纳，并对一些指标内容做出取舍，将含义和内容相近的指标进行合并，形成了“数据的使用伦理、使用意识、使用知识、使用技能、数据的转化能力、分析能力、应用能力、决策能力以及应用反思与评价、数据交流与共享”10个二级维度；再结合一线教师的实际情况对各项指标进行细化与整理，并在教育数据的分类中增加了定性数据和定量数据，拓宽已有的数据来源，最后形成包含“在法律和道德允许范围内获取和使用数据、数据基础和工具知识以及数据获取和管理技能”等在内的20个三级维度，并对每一个三级维度的具体内涵进行界定，提升这一指标体系的可操作性。最终形成了包含5个一级维度、10个二级维度、20个三级维度的教师数字素养评价指标体系。评价指标体系的具体内容如表5-1所示。

表5-1　高校思想政治理论课教师数字素养评价指标体系

一级指标	二级指标	三级指标	指标具体内涵
数据伦理与意识	数据的使用伦理	在法律允许的范围内获取和使用数据	数据应符合国家安全要求、意识形态
		在道德允许的范围内获取和使用数据	数据应符合学生身心发展规律，保护学生隐私，不允许滥用、误用数据等
	数据的使用意识	具备数据的敏感性	能留意到在教学过程或学生群体中接触过的数据等；能意识到各类数据中存在的问题等
		认识数据的重要性	了解数据能帮助教师规划教学、明确学生学习情况、制定合理目标等；能主动使用数据等
数据使用基础	数据的使用知识	数据基础知识	了解数据使用的背景及原因；了解不同的数据来源；了解如何生成、识别（鉴别和筛选）和使用这些数据等
		数据工具知识	熟悉 Excel的基本操作；掌握Excel处理和分析数据的基本功能等
	数据的使用技能	数据获取技能	掌握获取数据的方法（查询信息系统/网站、观察记录、实证调查等）；能甄别、选择合适的数据（剔除不准确、不完整的数据等）
		数据管理技能	能将搜集到的数据合理归类与整理；能及时储存、备份和更新数据等
数据转化与分析	数据的转化能力	理解数据的意义	理解各类数据的意义和功能，如定性和定量数据的使用、结构性数据（成绩、出勤率）和非结构性数据（文本、图片、音视频）的使用等
		将数据转化为信息	将数据转化为教学可用的信息，可操作的教学知识；将数据转化为可视化的图表，直观了解数据反映的现象等
	数据的分析能力	基于数据的分析	分析不同数据、图表代表的意义。将数据与学生表现、教学实践联系起来；分析并探究教育教学中出现问题的缘由；提出相关的假设等
		基于数据的预测	能利用数据验证教学假设；能基于数据制定观察指标，监控学生的表现等
		基于数据的评估	能利用多种数据对学生进行多元化的评估、增值性评价；利用数据评估教学的效果等

续表

一级指标	二级指标	三级指标	指标具体内涵
数据应用与决策	数据的应用能力	基于数据的问题解决能力	发现学生学习中存在的问题，可以通过数据来寻求解决问题的方法，如学生在某段时间内表现较差，可以搜集学生行为表现的阶段性数据来探究问题的缘由等
	数据的决策能力	基于数据的驱动教学能力	利用数据丰富教学内容、完善教学设计、优化课堂教学、改善教学效果；利用数据支撑教学，让知识变得更有说服力、易于学生理解等
		数据的决策能力	根据数据的分析和评估结果，调整教学行为并确定下一步的教学安排（步骤、内容）；能进行科学的教学决策等
数据应用结果评估	应用反思与评价	评估决策前后课堂实践的变化	监控课堂教学的效果（评课等形式）、课堂实践的变化等
		评估决策前后学生表现的变化	监控学生表现的变化（学习状态和效率等）等
		迭代决策周期	根据决策前后课堂实践、学生表现的变化，制定决策的实施时间、频率（周期）等
	数据交流与共享	利用数据辅助交流	与同事探究教学、学生相关的数据；与家长交流学生的在校表现等

第六章　数字化与高校思想政治理论课融合的未来展望

数字化与高校思想政治理论课融合，需要找准切入点、用好结合点、抓住问题线、突出逻辑线、扩大覆盖面、统筹各层面、完善评价主体、改进评价方式。在新时代背景下，高校思想政治理论课必须不断创新，紧跟信息技术的发展，充分发挥线上线下融合教学的优势，提高课程的吸引力。同时，教师应关注学生的个体差异，因材施教，激发学生的学习兴趣和积极性，使思想政治理论课真正成为培养担当民族复兴使命的时代新人的重要阵地。在数字化与高校思想政治理论课融合的过程中，我们还要关注学生数字素养的提升，培养学生的信息意识、数字技能和网络道德。通过开展数字教育，使学生充分认识到信息技术在成长过程中的重要作用，自觉抵制网络不良信息，健康成长。要深入研究数字化与高校思想政治理论课融合的理论和实践，不断总结经验，为教学改革提供有力支持。

第一节 新技术在高校思想政治理论课教学中的应用前景

数字新技术如AR、VR等在高校思想政治理论课教学中的应用十分广泛。这些技术的出现，为传统思想政治教育注入了新的活力，使得教学方式更加多元化和生动化，提高了学生的学习兴趣和参与度。此外，数字新技术在高校思想政治理论课中的应用还能够增加教师与学生之间的互动。通过在线平台，教师可以实时了解学生的学习情况，为学生提供答疑解惑、交流讨论的机会，这有助于培养学生的团队协作精神和沟通能力。

一、数字新技术

（一）增强显示技术（AR）

1.AR技术的内涵

增强现实（Augmented Reality，AR），也被称为“扩增现实”，是把现实世界中某一区域原本不存在的信息，经过模拟仿真后再叠加到真实的世界，被人类所感知的技术。通俗地讲是一种实时计算摄影机影像的位置及角度，并加上相应的图像的技术。这种技术通过计算机科学技术仿真，将现实世界特定时空中难以体验到的信息与现实场景叠加到一起，被人类感官所感知。[①]可以实现AR体验的硬件主要包括移动手持式设备、头戴式显示器、智能眼镜及空间增强现实显示设备等。AR 技术有三个突出特点，分别为虚实结合、实时交互和沉浸式体验。

① 李婷婷.UnityAR增强现实开发实战[M].北京：清华大学出版社，2020.

（1）虚实结合

虚实结合是AR技术最大的特点，也是区别 VR 技术与 AR 技术的重要特征。利用计算机技术生成图像信息，通过传感器将生成的图像信息映射在预定好的现实场景的位置，通过屏幕呈现给用户一个虚实结合的新环境。AR这种呈现方式，可以一方面借助环境的事实存在的优势，另一方面可以借助虚拟信息构筑灵活性的优势，不仅可以免去传统情景构建所费时费力的工作，而且能够使虚假的情景与现实结合更加紧密，从而使教学资源的制作形式更加多样化，延展了教学资源建立的渠道。

（2）实时交互

AR技术的功能之一就是将虚拟世界与现实世界实时同步。用户可以通过设备在AR构建的世界里将虚实信息结合起来判断，实时交互。例如，“高德地图”之类的导航APP，就加入AR导航的功能，用户可以通过智能移动设备进行旋转位置或者其他触屏操作，获得道路的指引信息。要实现实时交互的功能，就要求实时的“三维准配”，即随着设备移动或转动，所获得的现实图像的视野发生变化，根据三维注册的定位，AR所生成的信息也随之发生变化。利用AR技术这种交互特征，可以将教材中的图片通过AR相机进行识别，生成相应的三维模型。学生通过调整图像在AR相机中的位置，进而改变模型在AR相机里的视角，可以实时、全方位地观察模型，从而培养学生的空间思维能力。

（3）沉浸式体验

沉浸感是AR技术和VR技术共同的特点，使用户产生身临其境的感受，基本做到真假难分，让人融入和沉浸其中。沉浸式体验是上述两个特点带来的结果，对于教师来说创造一个让学生专注学习的情境十分重要。传统的情景式教学法教师都是通过图像、视频、语言描述等方式来构造学习情景，而AR技术能构造更加直观的学习情景，免去了传统方式构造的学习情景进入学生思维二次加工的步骤，提高了学生学习的专注度，让学生进入良好的学习状态。

2.AR系统的分类

AR系统从使用方式上可分为两类，一种为移动型AR系统，用户可以使用AR设备在大多数环境下随意走动，如各种智能手机及ipad等移动设备，可以通过各种AR应用程序实时取景观看叠加的数字图像；另一种固定型AR系统则相反，AR系统无法移动，只能在固定的位置使用AR设备，如一款AR试衣镜，当购物者站在屏幕前的时候，AR试衣镜会将试穿以后的三维图像放映出来，不需要移动就可以更换服装的款式，只需要简单地旋转屏幕上的按钮，就可以更换衣服。

AR系统从技术手段上可以分为两类，一种是基于计算机视觉的AR系统，利用计算机视觉技术实现现实世界与屏幕之间的映射关系，例如近几年流行起来的AR滤镜，通过实时捕捉人脸将图像信息依附在人脸上，如同真实的装扮一样；另一种是基于地理位置信息的AR系统，通过GPS获取用户所在地理位置，然后通过Google等数据源获取该位置附近的地理信息，利用移动设备的电子指南针和传感器获得设备的运动和位置状态，再通过这些信息在真实场景中建立目标物体。

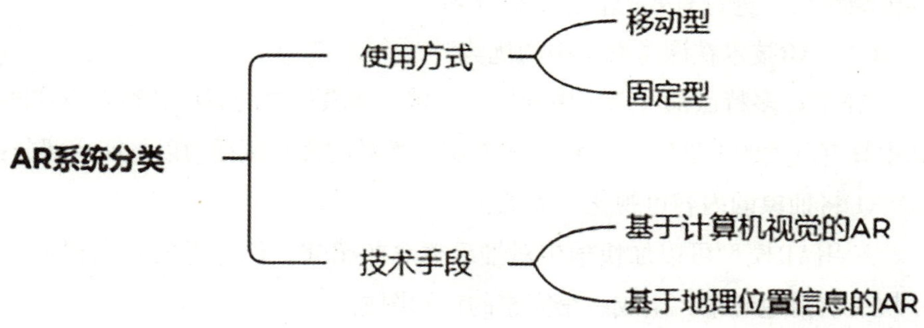

图6-1 AR系统的分类

3.AR在教育领域中的应用

（1）AR辅助教学软件

AR软件是可以通过手机或ipad等智能移动设备生成AR三维场景并具备各种交互功能的软件。AR 辅助教学软件则是根据教学需求、配合教学方法、结合教学内容进行开发、设计的软件。AR 辅助教学软件与其他 AR 软件的不同之处在于，其交互功能的设计要充分考虑到教师开展教学工作的实用性和便利性，以及学生探究学习的关键性体验和操作。此外，还需要结合多种信息化教学资源，将这些信息化资源融入各个教学环节。

课堂教学是指在课堂这一特定情境中教师教与学生学构成的双边活动，也称“班级授课制”。课堂教学是实现素质教育的主要渠道。[①]课堂教学的一般环节为复习提问、导入新课、学习新课、课堂小结、布置作业。目前大学英语课堂教学上采用了多种形式的教学媒体，包括图像、视频以及三维模型软件辅助讲解，但本质上还是属于传统课堂“满堂灌”的教学形式，学生学习缺乏趣味性和互动，使得课程教学质量不高，所以需要引入一些能够让学生自主观察和互动学习的信息化手段来突破教学的瓶颈。

基于AR技术的课堂教学是利用AR技术虚实结合的呈现方式和多样化的互动机制来辅助课堂活动的教学形式，可以将多种教学资源整合到真实学习情境中，丰富教学形式，提高教学效率。AR技术将以AR辅助教学软件的形式运用于课堂教学，在教师探究问题情境构建，以及学生自主探究环节使用该软件，辅助教师创设更加具象化的教学情境，帮助学生更加直观地理解三维模型结构，进行有效的合作交流学习。

（2）AR技术在课堂教学中的优势

AR的许多特点都可以运用到教育领域，在教科书的编撰和教育方式的创新中具有巨大的发展潜力，AR技术在课堂教学的优势概括为以下四个部分：

①将抽象的内容可视化、形象化

利用AR模型可以加快学生对抽象概念的感知，让思考内容像积木一样一块一块搭建起来，组成一个完整的认知图式。

②提升学生的课堂专注度

兴趣是最好的老师，当学习内容枯燥、晦涩难懂的时候，学生就会失去学习兴趣，课堂参与度降低。AR能给学生一个特殊的空间，这个空间不是独立的，而是每个人都存在其中，给学生互动和观察带来真实体验。AR可以通过及时反馈，如一些语音或文字提示，来培养学生的直觉，捋顺学习思路，使得学习新知识不再是一件苦差事，而是充满探索和收获的乐趣。

① 北京师范大学教育学院教授、浙江省基础教育中心主任裴娣娜.课堂教学改革40年实践探索[N].中国教师报，2018-12-26.

③减少教学资源的经济投入

在课堂教学中，一些知识点需要准备相关教具，以培养科学操作技能。教具的使用在课堂教学中占有较大的比重时，教师如何用教具让课堂教学变得更有效很重要。而现实中课堂教学的教具往往只有教师持有，最多是有几套供学生轮流使用，学生只能走马观花，无法深入观察。AR技术不仅能提供各种虚拟教具，而且能在保证安全性的前提下进行各种操作技能练习以及实验，扩大了教具的覆盖性。

④丰富教学方式

利用AR教学的互动性、沉浸感强的特点，教师可以组织各种教学活动，增加课堂趣味性。Squire 和 Klopfer[①]指出，让学生在真实空间中玩虚拟游戏，能够提升学生对环境的感知能力，促使他们下意识结合所有环境因素做出明智的决定。

借助AR内置的资源或互联网资源拓展书本上的内容，教师可以将传统课件变为生动有趣的 AR 课件。此外，还可以在AR系统里面加入评测功能，帮助教师对学生的学习结果进行评估，学生也可以进行自评，并且能够反复练习、测验。

（3）基于AR技术的教学资源开发原则

基于AR技术的教学资源开发除了根据教学现状调查结果设计功能之外，还需要依据以下原则进行开发工作，使得教学资源能够更有效地促进教学目标的达成。

①主体性原则

为了改变以往教师主导的单向传输知识的教学形式，基于AR技术的课堂教学资源开发注重发挥学生在教学中的主体地位。通过AR技术让学生进行体验式学习，让教师的教法更多地偏向多互动、自主探究的形式。在AR辅助教学软件的交互设计中，充分考虑学生的学习需求，提高学生学习的主动性，培养学生自主探究知识、技能的习惯。

---

① Squire K., Klopfer E. Augmented reality simulations on handheld computers[J]. J. Learn Sci, 2007, 16（3）: 371–413.

②系统性原则

教学资源的内容建设将以学生的认知规律和大学英语学科的知识系统逻辑为依据，从基础知识到逐步严密复杂的知识，循序渐进。教学资源的开发还要注重抓住教学重点、难点，注重解决教学中的主要矛盾。

③互动性原则

教学资源不仅要有助于教师教学和学生学习，而且要促进师生互动、生生互动。借助AR环境创设学习情境，布置学习任务，学生可以在AR场景内通过体验式观察和交互操作，获得探究信息，进行合作交流。教师也可以通过AR信息化资源和交互功能设疑和布置任务，与学生在课堂上积极互动，营造良好的课堂氛围。

（二）虚拟现实技术（VR）

1.虚拟现实技术的定义

虚拟现实（Virtual Reality，VR），又称为“灵境技术”，是20世纪发展起来的一种崭新的计算机网络技术，它可以通过数字的形式，虚拟出一个逼真的空间。虚拟现实技术通过计算机技术、电子信息技术、虚拟仿真技术等，为用户提供高沉浸感的内容，被广泛应用在多个领域，随着科学技术的进步，虚拟现实技术也取得了长足的发展，并逐渐成为科技领域的风向标。

在理论上，VR是一种能够创造和体验虚拟世界的电脑仿真系统，它通过电脑产生的仿真环境，可以为使用者提供沉浸式、多感知、交互性体验的三维动态世界，并可以融入其中进行实体行为的虚拟仿真系统。虚拟现实技术通过数字设备，把生活中各种各样的数据转化成可以被人真切感知的对象。也可以是通过3D建模技术将脑海中想象的事物呈现出来，因为不是直接可以看到和触摸到的，而是通过数字技术模拟出来的真实的世界，所以被称为虚拟现实。

虚拟现实技术越来越受到人们的认同，使用者可以根据与现实世界难识别的模拟环境的真实性，体验到虚拟现实世界中最真实的情感，令人感知它。与此同时，虚拟现实具有听觉、视觉、触觉、味觉、嗅觉等感知系统，具备所有的感觉功能，最终拥有真正实现人机互动的超强仿真系统，让人在操作过程中随心所欲，获得最真实的反馈。

2.虚拟现实技术的特征

虚拟现实技术的特征主要包括以下几个方面。

（1）沉浸感

虚拟现实技术可以生成一种逼真的三维虚拟环境，用户可以通过头戴式显示器、手柄等设备进行操作，仿佛身临其境地进入这个虚拟世界。这种沉浸感可以让用户完全沉浸在虚拟环境中，专注于与虚拟物体的交互和体验，而忽略了现实世界中的干扰和影响。

（2）交互性

虚拟现实技术允许用户与虚拟环境进行自然交互，用户可以通过手势、头部转动、身体移动等动作来操作虚拟物体，同时得到相应的反馈，如物体的形状、大小、重量等感官体验。这种交互性使得用户能够更加真实地感受到自己与虚拟环境的联系和互动。

（3）想象性

虚拟现实技术可以激发用户的想象力和创造力，用户可以在虚拟环境中进行探索和学习，获取新的知识和技能。同时，虚拟现实技术还可以通过模拟现实生活中的场景和事件，帮助用户更好地理解和掌握现实世界中的知识和技能。

（4）多感知性

虚拟现实技术可以提供多种感知体验，包括视觉、听觉、触觉、味觉等感官体验。用户可以通过头戴式显示器、手柄等设备感受到虚拟环境中的视觉和听觉刺激，同时还可以通过手柄等设备感受到虚拟物体的大小、形状、重量等物理属性。这种多感知性可以让用户更加真实地感受到自己与虚拟环境的联系和互动。

（5）存在感

虚拟现实技术可以让用户感到作为主角存在于模拟环境中的真实程度。这种存在感可以让用户更加深入地参与到虚拟环境中，感受到自己在虚拟世界中的存在和影响力。

3.虚拟现实技术在教育领域的应用

虚拟现实技术在教育中的应用主要有以下几个方面。

（1）模拟训练

利用虚拟现实技术，可以模拟出各种实际场景，供学生进行训练。例如，在医学领域，可以模拟手术室的环境，让学生进行手术模拟训练，提高其实操技能；在军事领域，可以模拟战场环境，让学生进行作战模拟训练，提高其作战能力。

（2）虚拟校园

虚拟校园是虚拟现实技术在教育培训领域的一种重要应用，它可以提供一种沉浸式的、交互式的虚拟环境，使学生能够更好地理解和掌握知识，提高学习效果。虚拟校园的应用层面包括以下三个。

①简单的虚拟校园环境

这种应用层面主要是提供一种虚拟的校园环境，供游客进行浏览和观光。这种应用层面主要是为了展示校园的环境、建筑、设施等基本信息，以及校园的历史和文化等。

②功能相对完整的三维可视化虚拟校园

这种应用层面主要是以学员为中心，加入一系列人性化的功能，如虚拟教室、虚拟实验室、虚拟图书馆等。这些功能可以帮助学生更好地进行自主学习和合作学习，提高学习效果。

③虚拟现实技术作为远程教育基础的虚拟远程教育

这种应用层面主要是利用虚拟现实技术作为远程教育的基础，提供一种可移动的电子教学场所。这种应用层面可以帮助学生更好地理解和掌握知识，同时也可以提高学生的学习效果和兴趣。

总之，虚拟现实技术的应用可以为学生提供更加真实、生动的学习体验，帮助学生更好地理解和掌握知识，提高学习效果。同时，虚拟校园也可以为高校扩大招生后设置的分校和远程教育教学点提供可移动的电子教学场所，从而更好地满足不同程度的需求。

（3）交互式教学

虚拟现实技术可以让学生在一个虚拟环境中与物体、其他学生、教师等进行交互，从而提高学生的参与度和学习效果。例如，在科学领域，可以让学生通过虚拟现实技术观察到原子的结构、微生物的生存环境等真实世界中难以观察到的现象，并通过交互式学习，深入理解科学原理。

（4）虚拟实验室

利用虚拟现实技术，可以建立各种虚拟实验室，供学生进行实验操作。例如，在化学领域，可以建立虚拟化学实验室，让学生进行化学实验操作，促进其对化学知识的理解和掌握。

（5）创新教育

虚拟现实技术可以为学生提供开放性的学习环境，有利于培养学生的创新思维和创新能力。例如，在艺术领域，可以利用虚拟现实技术进行绘画、音乐创作等艺术活动，让学生发挥自己的想象力和创造力。

总之，虚拟现实技术在教育中的应用具有广泛的前景和潜力，它可以为学生提供更加逼真、交互式的学习体验，提高学生的学习效果和兴趣。同时也可以为教师提供更加灵活、多样化的教学方式和工具，提高教学效果和质量。

二、数字新技术在高校思想政治理论课教学中的具体应用

（一）AR技术在思想政治理论课教学中的应用

习近平总书记在全国高校思想政治工作会议上强调，要充分利用新媒体新技术，让思想政治工作焕发新的活力，实现传统优势与信息技术的深度融合，以增强时代感和吸引力。在这一背景下，增强现实（AR）技术与高校思想政治理论课（以下简称思想政治理论课）的深度融合，成为提升思想政治理论课教育质量、发挥思政育人功能的重要途径。

1.利用AR技术丰富思政教学内容，增强学习代入感，提高课程吸引力

情境教学是一种创新型教学方法，它以反应论为指导原则，充分利用形象和生动的场景，激发学生的学习热情，帮助他们从整体上理解和运用知识。在这种教学模式下，学生不再是被动的接受者，而是主动的参与者，通过身临其境地体验，主动探索、交流和思考，从而达到深入理解知识、提高综合素质的目的。

近年来，随着科技的快速发展，AR技术逐渐应用于教育教学领域。AR技术，即增强现实技术，是一种将虚拟信息与现实世界相结合的技术。在思政教学中，借助AR技术，我们可以将教学案例创设为一个立体、可视的具象化场景，让学生成为虚拟课堂的主人。通过主动交流、讨论和思考，学生在完成任务的同时，也能强化师生之间以及学生之间的互动，激发对新事物的探求欲望，营造活跃的课堂氛围。

AR技术赋能的思想政治理论课教学，不仅使教学内容和形式更加鲜活、直接，还能通过嵌入式功能的开发和应用，吸引学生注意力，增加教学的真实性。如图6–2所示，利用AR技术对思想政治理论课程内容进行虚拟重建，包括对人物、物体的重建，以及对教学情景、历史事件的重建。这些虚拟场景使教学内容更加生动形象，增加思政教学的代入感，让学生能够感受历史事件，增加教学的趣味性。

通过从单个人物的点到情景下的面，再到整个事件的体，AR技术不断引导学生深入探究，增加思想政治理论课教学的吸引力。从本质上来说，AR技术的应用是对传统教学模式的革新，它将课堂从单一的知识传递转变为多元化的互动体验，让学生在情境中感受、思考、成长，为培养具有创新精神和实践能力的新时代人才奠定了基础。

总之，情境教学法和AR技术的结合，为思想政治理论课教学带来了前所未有的机遇。在这种教学模式下，教师和学生共同探索、共同成长，实现教育教学的目标，为我国培养了一批批有理想、有道德、有文化、有纪律的社会主义建设者和接班人。在未来的教育教学实践中，我们将继续深化对情境教学法和AR技术的研究，推动思想政治理论课教学不断创新，为提高我国教育质量做出更大贡献。

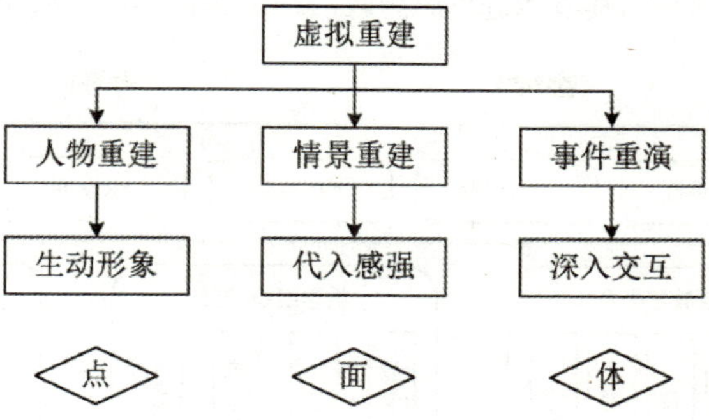

图6-2 思想政治理论课程内容重建示意图

2.搭建AR技术思政教学新平台，提升思政教学效率

马克思深刻指出，人类最基本的活动就是生产实践，他强调，只有从现实的人，即从事社会实践的人出发，我们才能真正理解社会历史的本质。

对于思想政治理论课来说，实践教学的意义重大。它不仅帮助学生接受和形成正确的世界观、人生观和价值观，还能引导他们运用正确的方法论来解决现实问题。为了使思政理论课更加贴近现实，我们可以利用AR技术和信息技术，构建一个虚拟仿真的思政实践教学实训中心。通过将VR技术与思想政治理论课实践教学深度融合，我们可以整合各种优秀的思政案例和红色资源，让学生在家中就能“亲临”实践教育基地，接受红色精神的洗礼，感受红色教育资源的魅力，激发他们的爱国主义热情。

结合数据库技术、计算机软件技术、AR技术和互联网技术，我们可以打造一个全新的思想政治理论课程平台。这个平台由数据层、中间层、应用层和用户终端四部分组成。数据层是平台的基础，用于存储所有用户数据、模型数据和时间流程数据等。中间层是底层数据与上层应用的中间接口，负责实现数据传输和通信。应用层根据底层数据提供各种应用程序，如AR中的虚拟模型重建、思政教学的课堂互动等。用户终端则是学生使用AR获取思政教学的各种电子设备。

通过这个全新的思政教学平台（图6-3），我们可以将思想政治理论课程分解为多个知识点，存储在平台上。教师可以在应用层灵活地设计和调整教学内容和流程，学生可以使用各种类型的用户终端，通过互联网随时随地访问教学内容，仿佛身临其境地进行思想政治理论课程学习，从而提高教学效率。

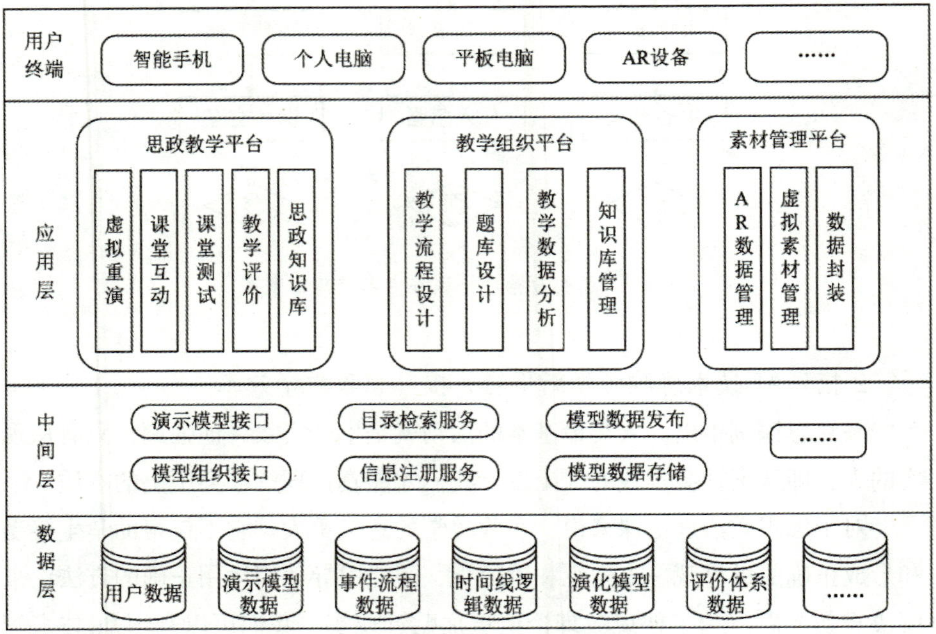

图6-3 思想政治理论课程新平台总体结构图

3.构建融合AR技术的思政教学新模式

为了实现AR技术与思政实践教学的深度融合，打造思政理论教学的第一课堂和实践教学的第二课堂高质量有效结合，我们致力于构建一种适应AR技术教学的实践环境。这样的环境能够最大限度地激发学生的思考能力，从而达到AR技术与思政教育相结合的理想效果。为此，我们需要构建一种融入AR技术的思政教学新模式。

如图6-4所示，在虚拟现实环境中，教师能够针对思政教育的核心要点进行详细讲解。学生通过学习相关知识，逐步提升自己的学习能力。在此基础上，运用AR技术对知识细节进行拆解，有助于学生深入理解思政教育内容，锻炼他们的思考能力。此外，通过对真实环境进行三维建模，我们可以创建出一个全新的实践教学场景。这个场景为学生提供了丰富的实践内容，帮助他们研究新问题、解决实际难题。在场景交互过程中，教师可以引导学生不断探索、挖掘潜在价值，从而提高学生的动手能力和创新能力。

在学习成果交流和学习效果评价环节，学生可以在分享学习成果的过程中，不断反思和调整自己的学习方法。这样既能让学生收获学习的成就感，也能实现教学的正向激励。综上所述，通过构建结合AR技术的思政教学新模式，我们可以实现思政教育与AR技术的有机融合，为学生提供更加高效、富有成效的学习体验。

在实施过程中，还需注重以下几个方面：一是加强对教师的培训，提高他们运用AR技术开展教学的能力；二是注重学生个体差异，因材施教，确保每个学生都能从AR教学中受益；三是加强与现实生活的联系，让学生在实际生活中践行思政教育理念，实现理论学习与实践操作的紧密结合。

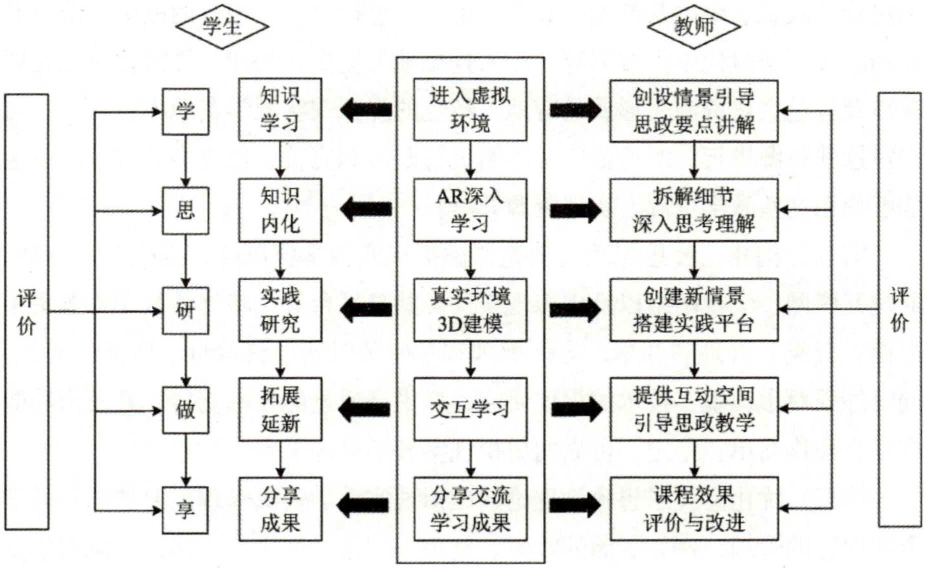

图6-4　思政教学新模式示意图

（二）VR技术在思想政治理论课教学中的应用

1.强化高校思想政治理论课虚拟现实教学资源生产

高校思想政治理论课虚拟现实教学内容要实现创新发展，重要的是提高教学资源的内容质量，包括更新教学内容、提供更多元的学习资源，增加互动教学要素等，以更好地满足学生的学习需求，并提高其学习兴趣和动机，通过提升虚拟现实教学资源的内涵品质，更好地推动思想政治理论课教学的现代化和信息化，提高教学效果和教学质量。要强化虚拟现实教学资源生产，可以从以下几个方面入手：

第一，高校要统筹开发并大力丰富思想政治理论课虚拟现实教学资源。首先，加强对虚拟现实教学需求的调研，满足教学发展需求，通过对学生和教师进行调研，了解他们对虚拟现实教学资源的需求和期望，结合思想政治理论课教学发展规律，以教学内容、教学目标为基础进行资源的开发；其次利用虚拟现实技术积极扩充、融合现有教学资源，打造与思想政治理论课程相匹配的丰富资源，思想政治理论课虚拟教学资源要结合社会实践，整合中华民族的故事、中国共产党的故事、中国特色社会主义建设的故事、改革开放的故事、新时代中国故事等，深入挖掘地方党史、法律、经济特色文化资源以及红色文化资源，形成具有地方特色的虚拟现实教学资源库；最后，可以对这些资源进行针对性推广，不断进行改进和完善，使更多的教师和学生能够使用这些教学资源，实现资源共享。

第二，构建高校思想政治理论课虚拟现实教学资源库，强化技术支持。通过互联网、学校网络以及虚拟现实资源共享平台等，将这些教学资源集中存储、分类、管理和共享，方便教师和学生随时随地获取自己所需的资源。同时加强对虚拟现实技术的深度研究，提供高质量的技术支持，开发出功能多样、操作简单、稳定、可靠的虚拟现实教学资源平台。

第三，优化高校思想政治理论课虚拟现实教学资源管理。要加强对教学资源内容的管理，例如资源的收集、整理、筛选、编辑等工作，保障教学资源的适用性、权威性等；加强技术上的管理，包括平台的开发、维护和升级等工作，需要确保平台具有良好的稳定性、安全性和易用性；加强用户管理，制定相应的用户管理制度，包括用户注册、认证、管理和服务等工作，确保用户的个人信息和身份安全；加强数据管理，包括平台数据的收集、存储、处理和统计等工作，需要确保数据的可靠性和准确性。

总之，以上措施可以加强思想政治理论课虚拟现实教学资源的生产，提高思想政治理论课教学资源的质量，满足学生和教师的多样化需求，达到教学改革和优化的目的。但是目前虚拟现实技术的开发成本过高，相关的技术人员又缺乏思政专业的教学素养，而思想政治理论课教师又缺乏相关的技术能力，因此打造高质量的思想政治理论课虚拟现实教学资源，需要各方力量加强合作。各高校之间也要打通思想政治理论课虚拟现实教学资源壁垒，实现资源共享与共建，避免重复浪费，实现高校思想政治理论课虚拟现实教学的强强联手、优势互补。

2.加大高校思想政治理论课虚拟现实教学条件保障力度

充分保障教学条件是推动高校思想政治理论课虚拟现实教学应用的基本前提。这不仅需要学校认识到虚拟现实教学条件的重要性，还需要得到教育部、社会、企业等的支持，相互之间形成合力，共同助力虚拟现实教学的发展，建立专项经费保障制度，确保虚拟现实教学的顺利开展。可以从以下几点加大对虚拟现实教学条件的保障力度：

第一，高校思想政治理论课虚拟现实教学需要有配套的先进设备，例如VR头戴式显示器、运动感应器、高清显示器等，为学生提供一个高沉浸感的学习环境。但是先进的设备必然需要大量的资金支持，学校也可以结合自身发展需求，选择适合的虚拟现实教学设备，配备适合的虚拟现实软件和配件，以达到虚拟现实教学的需求，保障学生最基本的虚拟现实教学体验即可；也可以整合已有的多媒体教学资源，对已有的电脑、投影仪、音响等设备进行改进，最大限度地降低成本；还可以与虚拟现实硬件供应商合作，争取更多的资源和支持，获得优惠价格和更好的服务。

第二，高校思想政治理论课虚拟现实教学也要加强和完善软件系统的建设，配备相关软件和教学材料。如虚拟现实引擎、场景渲染引擎、VR模拟实验程序、VR交互式课件、虚拟场景制作软件等教学软件，为学生提供更便利的实践操作、更丰富的感知体验等，不断地更新和完善虚拟现实教学系统，保证其持续优化和发展。

第三，需要为高校思想政治理论课虚拟现实教学提供专门、适宜的教学环境。除了配套的软硬件设备，思想政治理论课虚拟现实教学还需要有宽敞明亮的教学环境和安全可靠的网络等，以确保教学的顺利实施。在虚拟现实教学过程中，学生通过人机交互方式置身于虚拟世界中，这个时候需要注意安全，避免外界带来的碰撞和危险等，确保学生的安全，同时学校应该配备专业的技术人员，制定相应的安全保障措施。

总之，要确保虚拟现实教学的有效开展，就需要满足虚拟现实教学开展的条件，加大在人力、物力、财力等方面的投入和建设力度，同时还要加强培训，传授师生在虚拟现实教学中所需要的技术知识和操作技能，提高他们的实践能力，使其能够更好地应用虚拟现实技术进行教学和学习。

3.加强高校思想政治理论课虚拟现实教学情境创设

在教学活动中，学习活动包含了以感知、表象、记忆等为主的低阶认知过程和以思维活动为主的高阶认知过程，对于学生而言，低阶认知过程是较为容易的，而高阶认知过程需要不断地训练和实践。通过虚拟现实技术合理地构建学习场景，帮助学生进行高阶的思维活动，能够有效地提升其学习能力。这进一步表明虚拟现实技术能否促进学生学习能力提升的关键在于它是否能设计出激发学生思维认知的情境，能否依据学习目标和内容，进行恰当的情境设计，创设出具有挑战性和灵活性的情境，既能满足学生的感知、表象、记忆等低阶认知需求，同时也能够启发学生进行思维等高阶认知活动，帮助学生高效、深入地学习思考、探究和应用。因此，对虚拟现实教学情境的创设要注重真实性、多样性、挑战性等，从以下几点入手加强教学情境的设计和制作。

第一，对高校思想政治理论课虚拟教学情境的设计要注重虚拟画面、场景以及整体风格等的真实感、艺术感以及流畅度等，利用虚拟现实技术以及音频、图片等多媒体技术融合思想政治理论课教学内容，确保虚拟情境的真实性和沉浸感，并能够直观生动地展现教学内容，帮助学生完成低阶的认知过程。

第二，在高校思想政治理论课虚拟教学情境的制作中，要增强虚拟情境中的交互性，在教学情境中增加交互元素，例如添加虚拟游戏、虚拟实物体验等，学生可以通过实践调查、交互体验、游戏等方式，与历史人物进行交流互动，自由地在虚拟场景探索学习，有利于引发学生的思考，进而提升学生思维的活跃度。

总之，高校思想政治理论课虚拟现实教学情境的创设必须充分考虑到学生的认知特点，进行专门设计，凸显教学目标，提升教学成效。就这需要学校加强对师资队伍的建设和培养，使相关教学人员通过良好的教育和培训具备专业技能和教学素养，能够将思想政治理论课教学内容和虚拟现实技术有机融合，经过长时间的实践和经验积累，创设出更优质的虚拟情境。

第二节 数字化时代高校思想政治理论课的新挑战与对策

数字化时代对高校思想政治理论课提出了新的挑战，面对这些挑战，高校需要采取一系列对策来确保思想政治理论课的有效性和吸引力。下面分析一些主要的新挑战及应对的对策。

一、数字化时代高校思想政治理论课的新挑战

当前，高校智慧思政教学中依然存在教师和学生、思想政治理论课和学生之间的矛盾，这也是影响智慧教学实效性的因素之一，将智慧思想政治理论课堂应用于思想政治理论课教学，能够通过发挥智慧课堂教学模式的作用，缓解教学中存在的智慧思政理念相对落后、智慧平台建设不到位、智慧思政教师队伍建设相对不足、智慧思政教学效果亟待提升、智能信息存储和数据等方面的突出问题，更好地优化高校智慧思政教学体系，满足智慧思政人才培养的需要，实现人工智能与思想政治教育的深度融合。

（一）智慧教学理念与方法的不匹配

智慧科学的教学理念与教育方法是高校思想政治教育发展规律的体现，科学的教学理念能够正确指导思想政治理论课教师在课堂教学与课堂设计流程中处理好师生关系，将全员、全过程、全方位育人的教育理念贯穿教育过程的始终，最大限度地提高学生学习的兴趣。目前，传统思政教学理念上存

在着教学师生观、教学方法观、学生主体性教育落后的局面，这与当前智慧思政全面发展的素质教育理念不符。“教师中心论”“知识灌输学习”“重教轻学”等教学观念不同程度地限制了大学生学习主动性的发挥，也弱化了学生学习能力的培养和发挥。过分注重知识的传授与集中教学的方式，致使思政教育方法脱离智慧思政教学的理念与目标。智能时代高校思政教育更加注重对学生思想品格的锤炼、自主学习能力的培养和价值观教育的引导，实现教育过程的智慧化，强调学生的主体地位，旨在培养高素质、有思维能力和创造力的高水平人才，因此，在智慧思政教学过程中要及时转变教育理念，更新教学方法，更好地适应教育信息化的时代要求。

（二）智慧教育平台建设仍需完善

智慧思政教育是人工智能技术与高校思想政治教育深度融合的表现，更加注重思想政治教育规律和技术运用的原则，更加重视调动学生的主观能动性。但目前仍然存在很多师生对智慧学习模式认知模糊，对智慧学习平台理解不到位的现象，部分高校没有充分认识到智慧思政在课堂教学、智慧育人、管理服务等方面的作用，导致高校智慧思政模式建构缺乏系统规划与顶层设计，平台开发与建设过程中对适用对象的调查研究、政策制定、基础设施打造不足，建构理念没有得到深刻认识。因此，高校要高度引导学生认识到智慧平台对高校智慧思政教育的重要性，运用马克思主义的坚定立场，鲜明观点和哲学方法认识世界和改造世界，加强智慧思政平台的建设，引导师生高效运用智慧平台学习有思想、有深度的思想政治理论知识，提升思想政治理论课学习的信心和兴趣，让学生更加深刻地感受智慧平台学习的便捷高效，利用现代信息技术实现思想政治理论课教学与资源的融合，提升智慧思政平台的综合服务功能，打造思政育人新格局，不断实现智慧平台的升级。

（三）技术处理与人文发展存在挑战

人工智能时代高校智慧思政模式的建构离不开大数据信息技术的处理和发展，只有不断革新科学技术，才能为高校智慧思政教育提供信息保障，才能将智能技术更好地融入高校思想政治理论课堂。智能技术应用于教学的“寓教于乐”的教学模式更有助于其理解和接受教学内容。然而对于高校大学生来说，过度的“教育娱乐化”或许一时能提升课堂的活跃度，但长此以往新鲜感过去后，学生会产生“疲劳”感，同时对于培养大学生的理性思维和成熟人格无益。这就要求我们在运用技术的同时要合理地定位信息技术与教育育人的关系，构建人性化、精准化、智能化的教学场景才能更好地提高思想政治理论课教学质量，获得双赢效果。信息技术的发展和实践对于智慧思政教学至关重要，但高校思想政治教育发展的新情况和新特点也需要充分考虑，特别是信息安全、数据存储以及人文教育发展等方面的挑战，对现代智能数据处理和分析技术的选择更严格。因此，高校思想政治教育要为学生创造智慧化、信息化的学习环境，搭建智能化的学习平台，就要不断加强智能技术和数据处理在智慧思政教育方面的运用，提高智能服务和管理水平，提升人文素养，实现人机交互协同发展和智慧思政教学的智能化，更好地完善思想政治理论课教学服务机制。

二、应对数字化时代高校思想政治理论课挑战的策略

（一）树立智慧思政育人理念

理念即思维观念，价值设想，思想政治教育作为一种特殊的教育活动，科学的教育理念直接影响智慧思政教学效果。智慧思政教育是信息技术与现代教育改革发展背景下形成的思政教育新样态，要求树立开放科学的智慧教育理念，重塑教育生态，尊重学生的差异化发展，打造个性化、智慧化的学习平台，推送精准化的教育资源，助力学生个性成长和全面发展。高校智慧思政教学模式的建构不仅需要信息化的智能设备，更需要全新的智慧教学理念和高素质的智慧型教师，以及完备的思想政治理论课程资源库，多样创新的教育方法和智慧化的话语体系建设。

1.树立人工智能教学理念

推进人工智能智慧教学模式的建立，需要利用数据挖掘和机器学习两大技术，对教育主体和教育客体在学习过程中产生的数据进行精准分析，提高

教师的综合教学能力，研究教育主客体活动的轨迹，建构客体的学习模型，为教育客体推送高效、优质、个性化的教育资源，从而提升智慧思政育人整体效能。当前智慧教学理念的推广还不够广泛和深入，许多教育工作者对智慧教学理念认识不够深刻，构建现代教育新型教学观，就要逐步确立“人本”发展的思维，借助新技术与新媒体的关注、评论、转发等功能，聚焦学生学习需要，制订个性教学服务计划，精准教学，培养适应高校教育改革发展需要的智慧人才。以数据驱动推动智慧思政育人理念的树立，以德育人，立德树人，让高校师生深刻感受思想品德建设对高校思想政治教育发展的重要性，实现高校人工智能教学、环境治理、服务评价、学生学习的智慧化。开展智慧思想政治理论课堂教学活动是现代化智慧教育理念观照思政教学实践的产物，它强调教师精准教学、学生个性化学习，充分利用信息化教学平台，为学生提供新型、智能化的学习环境，满足学生不同时间、不同场景学习的需求。教师也可以随时有针对性地指导教学，全程动态监测学生学习情况和学习效果，以学生为中心，增强师生互动，保障学生学习的主动性和有效性，更好地探索高校思政教育改革新形态，推进智能技术与智慧教育理念的相统一，提高思想教育教学信息化水平，建设高质量的思想政治理论课堂，为构建智慧思政教学模式提供新路径。

2.确立“以生为本”发展理念

在全面育人导向下，坚持以人为本的发展理念，培养学生理解思政育人的多重价值意蕴，发挥育人共同体的平台优势，深化思政协同，帮助学生运用思想和理论指导生活和实践，以更完整更多元的视角感受智慧思政教育的学科价值、教学价值和育人价值，优化教学，实现教学体系的全面发展，更好地发挥智慧思想政治理论课堂的重要作用。与传统的教学模式不同，智慧思政教学强调差异化思维，注重实践育人，能够有效综合不同学生的综合素质和学习需求制定教学方案，对学生的学习情况进行精准识别，实时记录与反馈，因材施教，教学相长。智能化教学充分挖掘不同实践背景下的思政元素，重塑教学理念，以生为本，尊重学生，关爱学生，及时了解学生的思想动态和个性需求，更注重教育主体的个性化发展，不断丰富高校思想政治理论课教学内容和教学形式，使学生更加积极主动地融入智慧思想政治理论课堂，真正实现思政育人与人工智能技术深度融合，一切为了学生的发展服务，助力学生的全面、健康、快乐成长，引导学生从教育对象的被动接受者变为主动求知者，促进智慧思政教学的改革发展。

3.推进高校智慧思政理念创新

智慧思政育人是指将教学活动中的目标、环境、主体、客体、过程等要素系统整合成综合教育机制，通过树立现代化的育人理念，根据不同的教学活动，对系统各要素进行多维度的排列组合，呈现多元教学模式。科学化、学科化、现代化是高校思政教育改革发展的时代诉求，随着社会进步、科技创新和教育的发展，思想政治教育的研究视角、研究对象和研究方法发生了深刻改变，思政教育转型改革从单一走向多元，从单一学科走向多学科交叉研究，人工智能信息技术为智慧思政创新发展提供了重要凭借和依托。数字驱动优化思政教育资源整合，数字技术和平台的建设推动智慧思政教育改革发展，高校教育要发挥数据、制度、载体、方法、技术等各要素对学生的引导作用，打破传统育人模式，高校、家庭、社会等多个主体协同育人，促进三全育人的发展。高校思想政治教育改革要充分运用新媒体网络等信息技术突破时间和场域的局限，借助线上线下相结合的教学模式，加强智慧教育理念的宣传，智慧教育平台的建设，完善智慧思政教育评价方式，建设高素质的教师人才队伍，坚持立德树人的育人目标，加快学生数据和学习资源的信息化建设，形成多层次、高质量的全方位育人格局，以信息化技术促进高校智慧思政教育改革。

（二）加强智慧思政人才队伍建设

思想政治理论课要改革创新，关键是发挥思想政治理论课教师的作用，设立专门的思想政治理论课理论研讨小组，加强高校智慧思政人才队伍建设，要着力提升思想政治理论课教师的信息素养和教学胜任力，推动智慧思政教育全面创新发展。加强智慧思政教师人才队伍建设要构建协同高效的管理队伍、专业化高素质的教师队伍和高效完备的技能队伍，把立德树人教育理念贯穿思想政治理论课的全过程，增强智慧思政教学的时代感召力，发挥思政教师的积极性、主动性和创造性。

1.构建协同高效的智慧思政管理队伍

智能时代高校人才队伍建设要提高思想政治理论课教师的专业素养，强化教师队伍管理建设，完善制度化建设。协同高效的管理队伍主要体现在管理体制、组织制度和规章制度建设等方面，落实领导责任制，建立“党委统一领导、部门分工协作、学生广泛参与”的组织管理体系，将各部门的领导责任和管理工作纳入综合考评机制，明确责任，协同高效。此外，对学生数据隐私进行保护管理，对学生信息分类收集，建立存储科学的管理制度，严格遵守管理办法，避免数据泄漏。高校智慧思政教师管理机制要权责明确，智能运行，通过网络平台建立教师与辅导员两股力量协同育人体系，更新管理理念，强化部门协同，共商共议，精准布局，统筹规划，树立智慧思维，建立联动高效的教师管理队伍。

2.构建科学专业的智慧思政教师队伍

办好思想政治理论课关键在教师，构建智能时代高校思想政治教师专业队伍关键要提高思想政治理论课教师的专业素养，树立科学的教学理念，精准教学，根据大数据发展的特征和学生需求进行思想政治理论课教学，形成协同育人格局，使智慧思政教育活动更有温度。定期开展思想政治理论课教师比赛活动，鼓励良性竞争，提高思想政治教育的人才竞争力，适应时代新要求，积极学习，认真备课，提高教学能力和学科素养，高效进行智慧思政教学，引导学生形成正确的价值观。新时代我们要培养全面发展的人才教师队伍，完善教师微信，QQ群，公众号，钉钉群等平台的建设，加强思想政治理论课教师与专业课老师在学科内容、教学方法、科学技术、科研资源、数据资源等方面的交流沟通，做好思想政治理论课程建设理论的宣传，确立跨学科交叉思维的研究方法，培养既有专业理论知识、丰富教学经验，还有一定技能水平的智慧思政教师团队。加强思想政治理论课教师复合型人才的培养，增加理论素养和技术水平的培训，建立思政教师协同育人体系，提高信息化素养和专业能力，增强马克思主义理论政治认同，强化思想政治理论课的育人价值。

3.构建高效完备的智慧思政技能队伍

高校思政教师要熟练掌握现代信息技术，顺应时代新要求，组织专业技术人员对专任教师进行技能培训，鼓励教师运用专业知识去分析处理教学数据，保证智慧思政教学的顺利进行，更好地解决学生学习的问题，提高教学效果。加快智慧化协同管理模式的建设，将大数据信息化管理平台融入智慧思想政治理论课堂，建立信息传输链条，实时记录学生的课堂考勤，答疑解惑，作业及上课情况，协助思想政治理论课教师进行信息化课堂管理，真正实现智能化教学，提高教师的信息化水平。加强思想政治教育工作队伍建设，完成立德树人的根本任务，打造政治强，本领硬，教学优的思想政治理论课教师人才队伍。

（三）完善高校智慧思政育人平台建设

高校智慧思政发展要建设智慧化、科学化的思政学习平台，加强智慧育人平台的建设是思想政治理论课信息化改革的现实要求。完善高校智慧思政育人平台建设，搭建智慧教学平台，构建智能育人模式，健全智能管理系统，形成多方联动的智慧思政教育机制，真正建立智能、高效的智慧思政学习课堂。

1.搭建智慧教学平台

人工智能时代智慧思政模式的建构，通过智慧教学平台获取海量信息，可以对教学视频和数据进行多模态分析，并计算分析结果，增强互动性，实时更新动态反馈，调节教育教学，实现教师育人角色的转变。学生能够创造性地进行项目式、合作式、探究式学习，学生与教师在线体验三维虚拟学习环境，促进学生与学习资源、学习环境之间的交互性合作，时刻进行沉浸式交互学习，方便快捷，不仅拓展学习空间，且增加学习机会，多方合力，协同高效，创建集成、多元、多样的智慧学习场景。搭建智慧教学平台要充分发挥智慧技术的应用优势，推动学生共同参与思想政治理论课堂，完善交流机制，运用先进的科学技术逐步取代传统的教学方式，挖掘教学数据，利用多元育人环境，精准预测学习需求，关注学生成长时代特点，实现人、资源、环境的协同发展，进一步落实好立德树人的根本任务。思想政治理论课智慧教学是协同多种智能要素相互配合，共同发展的教育活动，加强智慧教学平台的互动性和智慧教育理念的传播，打造互动性、开放性强的智慧思想政治理论课堂，能够突破时空局限，记录全过程教学流程，实现教学过程的动态评价，提高思政教学的智慧性、科学性，不断优化智能在线管理服务能力和智能评价水平，实现跨时空、跨学科、跨领域的智慧学习和教学方式，促进思想政治教育智慧教学云平台的建设。

2.构建智能育人模式

新一代信息技术对思想政治教育产生了深远影响，要不断改进思想政治教育工作的管理方法和教育模式，加快理论与实践创新的良性互动，进一步构筑智能育人模式。人工智能时代创新发展智慧思政教育是时代和实践发展的现实需要，高校思想政治理论课教育要不断加强理论、方法、模式、机制等方面的研究，努力增加思想政治理论课的感染力和吸引力，加强资源整合优化，实现理论课学习的多样化，为思想政治教育带来新思维、新方法。高校智慧思政教育工作要努力寻求信息技术与思政教学的结合点，探索智能育人新模式，构建教育、管理、服务、评价一体化的智能教育平台。智能背景下智慧思政教育的创新发展，不仅仅是知识和理论的学习，更重要的是对学生情感价值目标的培养、能力的提升和思想观念的转变，使新时代大学生真正学有所获，增强学生树立崇高理想的坚定信念，善于沟通，善于协作，善于创造，为国家现代化建设培养富有创新精神和智慧思维的接班人，精准教学，提高学生的课堂参与度，智能育人，对教学资源进行精准收集，科学分析，联合融通，提升教学质量。

3.健全智能管理系统

通过智能化的思想政治理论课教学平台，学生能够随时对课堂学习中的问题进行反馈和及时交流，教师也能够根据学生的反馈和学情及时调整教学方案和课堂设计，增强思想政治理论课教学资源的时代性，引起学生的共鸣，提升信息化教学技术水平。教师还应夯实理论基础，充分发挥智慧教学平台的优势，提高专业水平和专业素质，健全智能管理系统，树立系统论的观点，通过整体系统的思维方式去处理智慧思政教学中遇到的问题，把握教育规律，建立数据信息一体化平台，使高校思想政治理论课在时代中前进，在发展中创新，与时俱进，踔厉奋发，创新发展智慧思政新模式。

第三节 构建数字化时代高校思想政治理论课的新生态

在数字化时代，高校思想政治理论课应紧跟时代步伐，创新教学模式，拓展教育资源，加强师资队伍建设，完善评价体系，强化组织保障，构建新生态，为培养担当民族复兴大任的时代新人做出贡献。

一、构建数字化时代高校思想政治理论课新生态的意义

构建数字化时代高校思想政治理论课的新生态，不仅是对传统教学方法的革新，更是对教育理念和教育模式的深度重塑。在数字化浪潮的推动下，高校思想政治理论课面临着前所未有的机遇与挑战。新生态的构建，意味着我们要在教学内容、教学方法、教学手段等多个方面进行创新，以适应数字化时代的需求。

首先，构建新生态有助于提升思想政治理论课的吸引力和影响力。传统的思想政治理论课往往以理论灌输为主，缺乏生动性和互动性，难以激发学生的学习兴趣。而数字化时代为我们提供了丰富的教学资源和手段，如虚拟现实、增强现实、大数据分析等，这些技术的应用可以使教学内容更加生动、形象，提升学生的学习兴趣和参与度，从而提高课程的吸引力和影响力。

其次，新生态的构建有助于推动思想政治理论课与时代发展的同步。数字化时代的信息传播速度快、覆盖面广，学生的思想观念和价值取向呈现出多元化、复杂化的特点。传统的教学模式难以适应这种变化，而新生态的构建可以使我们更加灵活地应对这些挑战，将最新的理论成果和实践经验融入到教学中，使课程内容更加贴近时代、贴近学生，从而更好地引导学生树立正确的世界观、人生观和价值观。

最后，新生态的构建有助于提升思想政治理论课的教学质量和效果。数

字化时代为学生提供了更加广阔的学习空间和更加多样的学习方式，但同时也带来了信息过载、知识碎片化等问题。新生态的构建可以帮助学生更好地整合和利用这些资源，提高学习效率和效果。同时，新生态还可以促进师生之间的互动和交流，使教师能够更加准确地把握学生的学习需求和问题，从而提供更加个性化的教学服务。

综上所述，构建数字化时代高校思想政治理论课的新生态具有重要的意义。它不仅可以提升课程的吸引力和影响力，推动课程与时代发展的同步，还可以提升教学质量和效果，为培养担当民族复兴大任的时代新人提供更加有力的支撑。因此，我们应该积极探索和实践新生态的构建路径和方法，为高校思想政治理论课的发展注入新的活力和动力。

二、构建数字化时代高校思想政治理论课新生态的路径

随着信息技术的快速发展和普及，数字化已成为现代社会发展的重要趋势。高校思想政治理论课作为培养学生世界观、人生观、价值观的重要课程，也面临着数字化时代的挑战和机遇。为了适应这一变革，构建数字化时代高校思想政治理论课新生态的路径显得尤为重要。

（一）加强数字化教学资源建设

随着科技的不断发展，数字化教学资源已成为构建现代化教育新生态的基石。特别是在高校思想政治理论课的教学中，数字化教学资源的运用显得尤为重要。

首先，数字化教学资源对于提升教学效果和效率具有不可忽视的作用。传统的教学方式往往局限于教材和课堂，难以满足学生个性化和多样化的学习需求。而数字化教学资源则以其丰富性、交互性和便捷性，为学生提供了更加广阔的学习空间。例如，电子教材可以实现随时随地地阅读，教学视频则能够生动形象地展示抽象的理论知识，案例库则能够帮助学生更好地理解和应用所学知识。这些数字化教学资源不仅丰富了教学内容，还提高了学生

的学习兴趣和积极性。

其次，高校在数字化教学资源建设中扮演着举足轻重的角色。高校应该加大对思想政治理论课数字化教学资源的投入力度，建立起一个丰富多样的教学资源库。这不仅包括电子教材、教学视频、案例库等基本资源，还应该涵盖在线测试、虚拟实验等拓展资源。同时，高校还应该加强对教师的培训和技术支持，帮助他们更好地利用数字化教学资源进行教学。

最后，数字化教学资源对于促进教学方式创新具有重要意义。传统的教学方式往往以教师为中心，学生处于被动接受的状态。而数字化教学资源的运用，则可以实现以学生为中心的教学方式转变。例如，在线教学可以让学生自主选择学习时间和地点，混合式教学则可以实现线上线下的有机结合，提高教学效果。这些创新的教学方式不仅能够激发学生的学习兴趣和主动性，还能够培养他们的自主学习和协作学习能力。

（二）强化师资队伍建设

在当今数字化时代，教育领域的变革与创新已成为不可逆转的趋势。在这场变革中，教师扮演着至关重要的角色。他们不仅是知识的传递者，更是新生态构建的推动者和引领者。因此，高校应当加强对思想政治理论课教师的数字化培训，以提升他们的数字化教学能力和水平，进一步推动教育的现代化。

数字化培训对于思想政治理论课教师来说至关重要。随着信息技术的快速发展，数字化教学已经成为一种新的教学模式。它不仅能够提供更为丰富、生动的教学内容，还能够更好地激发学生的学习兴趣和积极性。因此，教师必须具备数字化教学的能力和水平，才能够适应新的教学环境和要求。高校应当通过组织专业的数字化培训课程、邀请行业专家进行授课等方式，帮助教师掌握数字化教学的基本技能和方法，提高他们的数字化教学水平。

除了数字化培训，高校还应当鼓励教师参与数字化教学研究和实践活动。数字化教学是一个不断探索和创新的过程，只有不断地进行研究和实践，才能够不断完善和提高。因此，高校应当为教师提供足够的支持和资源，鼓励他们积极参与数字化教学研究和实践活动。通过研究和实践，教师可以不断积累经验和知识，提升自身的专业素养和教学能力，更好地为学生服务。

同时，高校还应当注重对教师教学质量的评估和监督。数字化教学虽然具有许多优点，但也需要不断地完善和改进。高校应当建立完善的评估和监督机制，定期对教师的教学进行评估和监督，发现问题及时进行整改。这不仅可以保证教学质量，还能够激发教师的教学热情和动力，推动他们不断进步和创新。

（三）完善数字化教学评价机制

在高等教育领域，教学质量一直是备受关注的核心问题。随着信息技术的迅猛发展，数字化教学评价机制逐渐成为保障新生态质量的重要手段。数字化教学评价机制不仅有助于全面、客观地评估教学效果，还能够促进教学内容和方式的持续创新，进而提升教学质量。

高校作为培养未来人才的重要基地，应积极建立科学、全面的数字化教学评价机制。这一机制应包括对学生学习效果、教师教学效果以及教学资源使用效果等多方面的评价。首先，对学生学习效果的评价可以通过在线测试、作业提交、课堂互动等多种方式进行，以便及时了解学生的学习进度和存在的问题。其次，对教师教学效果的评价则可以通过教学评估系统、学生评价、同行评审等途径进行，从而全面反映教师的教学水平。最后，对教学资源使用效果的评价则可以通过数据分析、用户反馈等方式进行，以评估教学资源的利用效率和效果。

数字化教学评价机制的核心在于通过评价结果的反馈和分析，不断优化教学内容和方式。一方面，评价结果可以为教师提供针对性的改进建议，帮助他们调整教学策略，提高教学效果。另一方面，评价结果也可以为学校提供决策支持，为学校的教学改革和资源配置提供科学依据。

此外，数字化教学评价机制还可以促进教学资源的共享和有效利用。通过数据分析，学校可以了解各类教学资源的使用情况，进一步优化资源配置，提高资源利用效率。同时，数字化教学评价机制还可以鼓励学生积极参与教学过程，增强学生的学习动力和自主性，进一步提升学习效果。

（四）加强与其他学科的融合

在构建新的教育生态系统中，加强与其他学科的融合显得尤为关键。这种融合不仅有助于提升思想政治理论课的教学质量，更能全面提高学生的综合素质和创新能力。因此，高校应当积极鼓励思想政治理论课教师与其他学科教师开展跨学科合作，共同探索创新的教学方式方法。

首先，通过与其他学科的融合，思想政治理论课的教学内容可以更加丰富和多元。例如，将历史、文学、艺术等人文社会科学领域的元素融入思想政治理论教学中，不仅可以使课程内容更加生动有趣，还能帮助学生更深入地理解思想政治理论的历史背景和社会意义。同时，将自然科学和技术领域的最新成果引入思想政治理论课，也可以帮助学生从更广阔的视角认识世界，培养科学精神和创新思维。

其次，跨学科合作有助于提高学生的综合素质。在跨学科的学习过程中，学生需要运用多种知识和技能来解决问题，这有助于培养他们的综合能力和创新思维。同时，通过与不同学科背景的教师交流互动，学生也可以拓宽视野，提升跨学科交流和合作的能力，为未来的学术研究和职业发展打下坚实基础。

最后，跨学科合作也是提高思想政治理论课教学效果的重要途径。传统的思想政治理论课教学往往注重理论灌输和知识传授，而缺乏对学生实际需求的关注和对学生主动性的调动。通过与其他学科的合作，可以创新教学方式方法，采用案例教学、情境教学、小组讨论等多样化的教学方法，激发学生的学习兴趣和主动性，提高教学效果。

（五）营造积极向上的数字化学习环境

随着科技的飞速发展和互联网的普及，数字化学习环境已经成为现代教育中不可或缺的一部分。这种新兴的学习环境不仅改变了学生的学习方式，还对他们的学习效果和身心健康产生了深远的影响。因此，高校作为人才培养的重要基地，必须积极应对这一变革，努力营造积极向上的数字化学习环境，以确保学生的学习安全和健康。

首先，高校应加强对数字化学习平台的管理和维护。数字化学习平台是学生获取知识、提升技能的重要工具，但其安全性、稳定性和易用性也直接关系到学生的学习体验和效果。因此，高校应投入更多资源，加强对平台的技术支持和维护，确保学生能够在一个安全、稳定、高效的环境中学习。

其次，高校应通过举办各种数字化学习活动和实践项目，激发学生的学习兴趣和动力。数字化学习不仅要求学生掌握基本的知识和技能，还要求他们具备创新思维和实践能力。因此，高校可以组织各种数字化竞赛、创新项目等，让学生在实践中锻炼自己的能力和思维，同时增强对数字化学习的兴趣和热情。

此外，高校还应加强数字化教学资源建设，为学生提供丰富、多样的学习资源。数字化教学资源具有更新快、交互性强等优点，能够满足学生个性化的学习需求。高校可以整合优质的教学资源，建设在线课程、数字图书馆等，为学生提供更加便捷、高效的学习途径。同时，师资队伍建设也是数字化时代高校思想政治理论课新生态构建的关键。高校应加强对教师的数字化培训，提高他们的数字化素养和教学能力。只有具备数字化教学能力的教师，才能更好地引导学生适应数字化学习环境，发挥数字化学习的优势。

另外，完善数字化教学评价机制也是至关重要的。传统的教学评价方式往往难以全面反映学生的数字化学习成果和能力。因此，高校应建立科学、合理的数字化教学评价机制，注重过程评价和结果评价的结合，全面、客观地评估学生的数字化学习成效。此外，高校还应加强与其他学科的融合，促进跨学科学习和创新。数字化学习环境的开放性和交互性为跨学科学习提供了便利条件。高校可以鼓励教师打破学科壁垒，设计综合性的课程和项目，让学生在跨学科的学习中培养综合素质和创新精神。

最后，高校还应注重学生在数字化学习环境中的身心健康。长时间使用电子屏幕、不良的网络习惯等都可能对学生的身心健康产生负面影响。因此，高校应加强对学生使用数字化学习平台的指导和监督，引导他们养成良好的网络使用习惯，确保他们在健康的环境中成长。

参考文献

[1]陈海燕.全球化时代高校思想政治教育创新研究[M].济南：山东大学出版社，2015.

[2]陈娟，林颖，陈应娣.大学生思想政治教育新论[M].北京：中国海洋出版社，2016.

[3]褚惠萍.大学生生命教育的理论与实践[M].南京：南京师范大学出版社，2015.

[4]戴钢书.高校思想政治理论课教学跨学科研究方法论[M].北京：中国人民大学，2017.

[5]丁晓娟，赵亮.新时期大学生思想政治教育[M].北京：中国人事出版社，2016.

[6]顾永新，刘萍丽.高校思想政治理论课实践教学案例研究[M].西安：西北工业大学出版社，2019.

[7]胡绪明.高校思想政治理论课实践教学案例与课程设计[M].天津：天津人民出版社，2021.

[8]黄钧辉.新时代高校智慧思政理论与实践[M].杭州：浙江大学出版社，2023.

[9]黄兰珍.新时期思想政治教师基本功　备课篇[M].上海：上海教育出版社，2017.

[10]季海菊.新媒体时代高校思想政治教育的解构与重塑[M].南京：东南

大学出版社，2014.

[11]李风啸.新时代数字化与高校思政教育的深度融合[M].北京：中国纺织出版社，2022.

[12]李林英.新媒体环境下高校思想政治教育教学研究[M].北京：人民出版社，2015.

[13]李敏，卢佐冬，唐忠义.新时代高校思想政治理论课实践教学创新研究[M].武汉：武汉大学出版社，2020.

[14]李卫东.地方院校德育研究第11辑　用习近平新时代中国特色社会主义思想引领高校德育[M].武汉：武汉大学出版社，2019.

[15]连艳辉，闻竞，贾晓强.新媒体背景下高校思想政治教育的解读研究[M].长春：吉林出版集团股份有限公司，2020.

[16]廖云燕，徐培.数字媒体技术与应用[M].哈尔滨：哈尔滨工程大学出版社，2023.

[17]刘宝杰，杨世宏.高校思想政治理论课实践教学理论与实践[M].北京：光明日报出版社，2021.

[18]陆安琪.新时代高校思想政治教育协同育人路径研究[M].北京：中国出版集团；中译出版社，2022.

[19]孟莉.网络舆情高校思想政治教育工作的新视域[M].合肥：合肥工业大学出版社，2016.

[20]沙占华，柴素芳，李昊辰.高校思想政治理论课微电影教学理论与实践研究[M].保定：河北大学出版社，2020.

[21]邵光华，晏成步，徐建平.地方本科高校转型发展研究[M].杭州：浙江大学出版社，2017.

[22]邵泽义.新时代高校思想政治教育管理体系的构建研究[M].镇江：江苏大学出版社有限责任公司，2022.

[23]孙丽娟.新时期高校思想政治教育理论与实践[M].延吉：延边大学出版社有限责任公司，2022.

[24]孙亮，邓力.高校思想政治工作与构建和谐校园研究[M].南昌：江西高校出版社，2019.

[25]田自立.“互联网+”视域下高校思想政治教育实践研究[M].延吉：延

边大学出版社，2022.

[26]杨章钦，徐海章.思政理论课教学改革与大学生思政教育互动研究[M].上海：上海财经大学出版社，2017.

[27]余双好.思想政治理论课程教学法探析[M].北京：中国人民大学出版社，2018.

[28]袁俊平，卜建华，胡玉宁.人的全面发展理论与高校思想政治教育创新发展研究[M].成都：西南交通大学出版社，2017.

[29]张桂霞，赵艳.数字媒体艺术专业课程思政教学指南[M].北京：经济科学出版社，2023.

[30]张寒梅，龙睿赟.高校思想政治理论课教学改革与创新研究[M].成都：西南财经大学出版社，2016.

[31]张守龙.社会热点在高校思想政治理论课教学中的运用研究[M].合肥：中国科学技术大学出版社，2015.

[32]张思军.思想政治课教学中运用微格教学的理论与实践探索[M].成都：西南交通大学出版社，2017.

[33]赵汉杰.当代大学生思想政治教育的创新研究及新媒体路径的实践探索[M].北京：中国书籍出版社，2017.

[34]赵庆寺.讨论式教学与大学生社会主义核心价值观认同[M].上海：上海人民出版社，2016.

[35]浙江省教育厅.智慧思政数字赋能浙江省高校网络育人理论与实践[M].杭州：浙江工商大学出版社，2021.

[36]郑山明.地方本科院校教师队伍建设研究[M].北京：光明日报出版社，2017.

[37]重庆工商大学马克思主义学院.高校思想政治理论课教育教学改革与理论研究[M].成都：西南财经大学出版社，2017.

[38]邹建平，陈静，陈君.高校思想政治理论课实践教学研究[M].北京：北京理工大学出版社，2018.

[39]卞明镜.大数据时代背景下高校思想政治理论课课程考核研究[D].华中科技大学，2020.

[40]崔恩慧.高校思想政治理论课网络教学中的大学生主体性研究[D].扬

州大学，2023.

[41]冯博.高校思想政治理论课数字生态系统的内涵、结构与运行机制探析[J].思想教育研究，2023,（12）：100–106.

[42]冯天博.高校思想政治理论课红色叙事研究[D].昆明理工大学，2023.

[43]甘永霞.高校思想政治理论课信息化教学改革探讨[J].教育信息化论坛，2021,（03）：77–78.

[44]高盼.困境与出路：信息技术与高校思想政治理论课深度融合研究综述[J].高教学刊，2021,（02）：58–62.

[45]勾波.高校思想政治理论课线上线下混合式教学模式探索与实践[J].文教资料，2022,（12）：83–86.

[46]贺宇.革命文化融入新时代高校思想政治理论课路径研究[D].兰州交通大学，2023.

[47]侯雪晴.高校思想政治理论课网络教学存在的问题及对策研究[D].长春理工大学，2022.

[48]孔令梅，吴兆能.高校思想政治理论课线上教学效果提升研究[J].齐齐哈尔大学学报（哲学社会科学版），2021,（02）：179–182.

[49]李梦雪.高校思想政治理论课虚拟现实教学效用研究[D].西南大学，2023.

[50]李童，杨祁瑞."翻转课堂"教学模式在高校思想政治理论课中的应用[J].现代交际，2021,（08）：170–172.

[51]林佳明.新时代高校思想政治理论课建设内涵式发展研究[D].华北水利水电大学，2023.

[52]凌菲.高校思想政治理论课网络课堂教育的实效性研究[D].大理大学，2019.

[53]刘瑞.高校思想政治理论课线上线下混合式教学模式构建研究[D].重庆交通大学，2021.

[54]刘洋，吕小宁.高校思想政治理论课数字化建设的边界意识[J].思想理论教育导刊，2023,（11）：105–111.

[55]刘洋，沈佩翔.关于提高高校思想政治理论课在线教学质量的思考[J].思想理论教育，2020,（04）：64–69.

[56]马静音，曹银忠.大数据时代高校思想政治理论课创新的内生动力探赜[J].社科纵横，2020，35（01）：137–140.

[57]马静音，王向阳.大数据时代高校思想政治理论课的创新路径研究[J].河北青年管理干部学院学报，2020，32（02）：59–63.

[58]彭佳俊.人工智能背景下高校思想政治理论课创新发展研究[D].桂林电子科技大学，2023.

[59]蒲丽霞.高校思想政治理论课话语体系建设研究[D].陕西师范大学，2020.

[60]史娇艳.伟大建党精神融入高校思想政治理论课研究[D].湖北大学，2023.

[61]宋江雪."慕课"背景下高校思想政治理论课的发展境遇与应对策略[D].吉林建筑大学，2019.

[62]粟艾华，何丽萍.高校思想政治理论课沉浸式教学研究[J].广西教育，2021，（15）：65–67.

[63]唐开将.高校思想政治理论课混合式教学的SWOT分析与对策研究[D].贵州大学，2021.

[64]滕梦媛.高校思想政治理论课虚拟实践教学运用研究[D].兰州财经大学，2021.

[65]王地.图像转向语境下高校思想政治理论课有效性提升研究[D].兰州大学，2021.

[66]王婧.高校思想政治理论课虚拟仿真教学研究[D].山东大学，2023.

[67]熊艳梅.高校思想政治理论课虚拟实践教学研究[D].长江大学，2022.

[68]徐思源.习近平关于新时代高校思想政治理论课的重要论述研究[D].武汉轻工大学，2023.

[69]燕文奇.高校思想政治理论课"四位一体"实践教学模式构建研究[D].吉林建筑大学，2019.

[70]杨利婷.大数据视域下高校思想政治理论课创新研究[J].河南广播电视大学学报，2019，32（04）：68–72.

[71]杨露.新时代高校思想政治理论课课堂教学的现状和对策研究[D].江苏大学，2020.

[72]叶丹.基于在线开放课程的高校思想政治理论课混合式教学模式研究[D].武汉大学，2019.

[73]张艳艳.高校思想政治理论课虚拟仿真实验教学研究[D].天津大学，2021.

[74]张燕.新疆高校思想政治理论课混合式教学应用的路径研究[D].新疆大学，2020.

[75]赵阳.混合式学习模式在高校思想政治理论课中运用的问题与策略[J].教育理论与实践，2019，39（21）：53–55.

[76]周方媛.数字化赋能高校思想政治理论课四维探析[J].兰州职业技术学院学报，2023，39（06）：20–25.

[77]周杨阳.新媒体环境下高校思想政治理论课互动式教学研究[D].浙江工商大学，2020.

[78]朱娜.高校思想政治理论课MOOC教学的价值实现问题研究[D].电子科技大学，2019.

后　记

在撰写本书的过程中，我们深感高校思想政治理论课在数字革命背景下的重要性和紧迫性。随着科技的飞速发展，我们的教育方式也在不断变革，数字化、智能化成为新时代教育的新趋势。在这个背景下，高校思想政治理论课的创新实践显得尤为重要。

我们要认识到，数字革命为高校思想政治理论课带来了前所未有的机遇。通过运用新技术，我们可以使思政课更加生动、有趣，提高学生的学习兴趣和参与度。例如，借助虚拟现实、增强现实等技术，学生可以身临其境地了解党的伟大历程、感受社会主义建设的丰硕成果；利用大数据、人工智能等技术，我们可以实现个性化教学，精准推送学习资源，满足学生的不同需求。

然而，机遇与挑战并存。在数字革命的大潮中，我们也面临着一些突出问题。如何确保学生在海量的信息中树立正确的世界观、人生观和价值观，如何消除网络空间的负面信息对学生的影响，如何运用新技术提高思政课的教学质量等问题，都需要我们深入思考和探索。

在这个问题上，我国政府已经意识到了数字化时代高校思想政治理论课的重要性，并采取了一系列措施推动其创新实践。例如，近年来，教育部连续出台相关政策，鼓励高校运用新技术改造思政课，推动思政课与现代科技的深度融合。此外，还通过组织开展各类培训、研讨会、课题研究等活动，提高思政课教师的信息技术素养，为创新教学提供支持。

在实践层面，许多高校已经取得了显著的成果。他们积极投身于数字革命之中，探索出一条具有时代特征、中国特色的高校思想政治理论课创新之路。这些成功案例为我们提供了宝贵的经验，值得我们借鉴和学习。

总之，数字革命给高校思想政治理论课带来了前所未有的机遇和挑战。我们必须紧跟时代步伐，勇于创新，不断探索新的教学方式和方法，为培养一代又一代具有坚定理想信念的青年人才贡献力量。这是一项艰巨而又光荣的使命，需要我们共同努力，不断前行。

在本书即将结束之际，我们要向所有为高校思想政治理论课创新实践付出辛勤努力的教师们表示衷心的感谢和敬意。同时，也期待更多的高校、教师和学生能够参与到这场创新实践中来，共同为我国的教育事业贡献力量。

让我们携手共进，不断探索，让数字革命之光照耀高校思想政治理论课，为培养担当民族复兴大任的时代新人做出更大贡献！